# 靳凤林

Jin Fenglin

　　河北新乐人，清华大学哲学博士，中共中央党校（国家行政学院）哲学教研部教授，博士生导师，中共中央党校理论创新工程首席专家，全国党校系统首届党性教育精品课获得者。兼任中国伦理学会副会长，北京伦理学会常务副会长。荣获国家图书奖、清华大学优秀博士论文、中央党校优秀科研成果奖等20余项国家和省部级教学科研奖励。长期从事政治伦理、生命伦理和比较伦理的教学与研究。先后主持和参与10多项国家社科基金重大项目、重点项目、一般项目的研究工作，出版《追求阶层正义》《死，而后生》《祠堂与教堂：中西传统核心价值观比较研究》《领导干部伦理课十三讲》等专著、教材20部。在《人民日报》《光明日报》《哲学研究》《世界宗教研究》等报刊发表文章200余篇，其中30余篇被《新华文摘》《中国人民大学复印报刊资料》等权威刊物全文转载。

**人生格言**

鸢飞戾天者，望峰息心；经纶世务者，窥谷忘返。

# 林中路向澄明心

中共中央党校（国家行政学院）校园散文集

靳凤林◎著

中央党校出版社集团　大有书局

| 序言 |
# 大地无声栖居有文

我在清华大学哲学系攻读博士学位时，由于毕业论文涉及西方生死观的研究内容，故一度迷恋于海德格尔的《存在与时间》一书，是书对于人的生存状况从时空结构上做了深度揭橥，认为生存在世界上的此在——人，必须在时间性的境遇中展开自己的活动，但人不是现成的存在者，而是被"抛"入世的存在者，他（她）要通过"去存在"的种种可能性才能成为人，特别是通过语言、情绪、领会等方式与各色各样的事物打交道，世界也就在这种展开中同时成为人生存活动的舞台。然而，由于人极易在"去存在"中迷失本真的自我，这就要求人必须在不断地良心呼唤中，努力返回源始性伦理状态，唯其如此，才能最终获得生命的本真价值与意义。

伴随对海德格尔生存哲学的了解日渐深入，我又阅读了他大量品鉴评论艺术作品的论著。在《人，诗意地栖居》中，海德格尔敏锐地洞察到，诗意只能是栖居的装饰品或附属品，不能代替栖居成为人类生活的全部。人只有完成了心灵的转向，因善良而欣喜之余，生活的诗意才能发生。也唯有此时，人才能根据诗意而作诗，并以人性化的方式栖居在这片大地之上。在《筑·居·思》中，他

北校区秋季全景

强调大地是一切涌现者的返身隐匿之所，它为涌现者提供庇护，是其赖以筑居的所在。在各种建筑中栖居，乃是有死的人类在大地上生存的本质方式，但人类在建造自己的栖居之所时，只有将其与万物的保存养护相关联，诗意的栖居才能成为可能。在《艺术作品的本源》中，他同样认为，任何艺术作品只有置入大地的无声召唤之中，将其同人类艰苦劳作中遇到的一切有机地聚集到一起，才能从事物的本源中把握艺术的本质。他以凡·高的画作《农鞋》为例指出，农鞋上沾着湿润而肥沃的泥土，在鞋具磨损的那黑洞洞的敞口中，凝聚着农妇于寒风中在田垄上踽踽独行的艰难步履，显示着大地对成熟谷物的宁静馈赠，表征着冬闲的荒芜田野里朦胧的冬眠，浸透着农妇对面包稳靠性的各种各样的焦虑，以及那战胜了贫困时的无言欣喜。

面对海德格尔对生存本质、诗意栖居、建筑伦理、农妇劳作等所做的充满魔性的深层哲学解读，我一直在想，生命体验与时间感知存在何种隐秘关系？生活幸福与生存环境有何根本关联？如何在个体劳作中发现生命存在的价值与意义？我的研究结论是：人类的本质属性在于，他（她）总是力图从有限中追求无限，从局部中把握整体，从短暂中获得永恒，特别是当他（她）意识到自己终有一死的必然性时，便通过追求真、善、美、圣的生存信念来克服其所遇到的生死悖论，并努力使之转化为各种各样的文化创造活动。唯有从这个视角探究人类一切艺术作品的本质内涵，才能最终觅得其本源之所在。

我从清华大学毕业后来中央党校工作，教学和科研的重心转向政治伦理学，尽管教学任务不断增加、科研工作日渐繁重，但在完成这些日常工作之余，海德格尔对人生与艺术的深度思考长期萦绕在我的脑际。于是，我力图通过自己的身历心悟来描述个人对生存环境的体验、对生活幸福的理解以及对日常劳作的反思。而在各种叙事手段中，通过散文与诗的写作来表达自己的所思所悟，从而抵达事物的源始本质，无疑是最容易被人理解的艺术形式之一。为了让自己的身心能够从高强度的教学和科研工作中获得放松，在工作之余，我开始用散文记录自己在时间之流中，对不断变化的周边环境一点一滴的生命体认，以及在切己的生存实践中，对生命哲学或深或浅的感悟与收获，经过日积月累，最终形成了这部中央党校校园散文集。

我之所以将这部散文集命名为《林中路向澄明心》，是因为海德格尔在《林中路》中曾以森林为例为人们做出深刻诠释。他说在茫茫无际的茂密森林中，阳光偶尔洒向几块林间空地，但森林的绝大部分都处于晦暗不明之中。人类的真理就好比这林间空地，敞亮澄明只是局部的和零星的，而晦暗不明总是占据着森林的大部分空间。海德格尔将自己视作这片森林的守护者，他通过不断地与林中树木交流和仔细倾听大地回响，来寻找前人走过的路，探明它们的来龙去脉，竖起路标以供后人行走在正确的林中路上，从而避免人们"林中迷路竟茫茫"。我想，我们中央党校教职工所做的一切工作，不就是将马克思主义的真理作为指路明灯来照亮学员的内心世界，使之走向思想澄明的境界吗？这种澄明境界对中国古人而言，就是为天地立心，为生民立命，为万世开太平。对当代中国共产党人而言，就是为中国人民谋幸福，为中华民族谋复兴，为世界人民谋大同。唯有认识并践行这一初心和使命，才能达至"林中路向澄明心"。

  这部散文集中的大部分文章都曾发表在《学习时报》上，海丽华编辑几乎对每篇文章都做过精心的修订、打磨和斟酌，我对她的敬业精神深表钦佩！这些散文发表后，在校内外纸质媒体和数字媒体上产生较大影响，中央党校出版集团张作珍副董事长希望结集出版，大有书局出版社编辑室主任李瑞琪为此进行了统筹，尤其是张晓光摄影师为本散文集的出版提供了大量珍贵图片，在此向他们一并表示衷心的感谢！希望本散文集的出版，能够让来中央党校学习的广大学员、经年累月工作于此的各位同事、意欲了解中央党校的各界朋友真切地感受到"大地虽无声，栖居可有文"。

  是为盼！

靳凤林

2022年5月1日于颐北精舍

# 目 录

001 / 颐和北麓有大美

009 / 见证历史荣光的精神殿堂

018 / 植根大地的校园秋色与深情

027 / 南山、北山、千萃山

038 / 一泓心水掠燕湖

046 / 江山胜迹复登临

053 / 品茗怡情留筠馆

060 / 春华秋实妆燕园

066 / 一路繁花秀楚园

072 / 紧偎书香身有余香

| | | |
|---|---|---|
| 080 | / | 运动世界的精神之光 |
| 088 | / | 方舟湖畔的生命律动 |
| 094 | / | 水木园里槐香飘 |
| 101 | / | 濯莲池畔的夏日奏鸣曲 |
| 107 | / | 一溪流水照古今 |
| 115 | / | 古树新枝绽芳姿 |
| 122 | / | 昆玉河畔聚星火 |
| 131 | / | 小清河与彩虹桥 |

## 颐和北麓有大美

在北京西郊的颐和园万寿山北麓，巍然屹立着一座雄伟庄严的建筑——中共中央党校（国家行政学院）（以下简称"中央党校"）主楼。作为中央党校的重要形象和标志，主楼是中央党校校园内在20世纪五六十年代建成的重要建筑之一，已成为中央党校历史的基本组成部分；作为中央党校校园文化的形态集成，它已深深镌刻在来此学习的我党每位高中级干部的内心之中。这座大楼共七层，整体造型为狭长形，由教学楼、教研办公楼和行政办公楼三部分组成。其中，一教室至四教室位于主楼东侧，以连廊与主楼相接，曾是校园内的主要教学场所之一。过街楼把中部与东、西配楼衔接，两侧向北以连廊与原图书馆、陈列馆相接，形成一组古今结合、高低分明、错落有致的建筑群落。整个主楼外墙为黄缸砖贴面，灰色花岗岩蘑菇石构筑基柱，主楼入口处的两侧，立有一对造型别致的石柱，恰似古建筑前的精美华表，使整个大楼顿生巍峨庄严之感。主楼用琉璃檐和额枋作重点装饰，檐下的转角墙面

林 / 中 / 路 / 向 / 澄 / 明 / 心

◦—— 北校区主楼秋季全景

镶嵌了四幅巨型大理石浮雕。一是飞夺泸定桥：展现的是1935年5月29日，22名红军突击队员攀着铁索，冒着枪林弹雨，攻占泸定桥东面的桥头堡，粉碎蒋介石歼灭红军于大渡河南岸的企图。二是人民解放军横渡长江：展现的是1949年4月，百万雄师一举突破国民党军队的长江防线，解放南京、上海、武汉等地，为新中国的建立创造了重要条件。三是新中国成立：各族人民群众在天安门前载歌载舞，欢庆新中国成立的场景。四是社会主义建设：展现的是工农商学兵各行各业的人们都在为社会主义建设贡献力量的场景。这四幅浮雕不仅凸显了中国共产党革命和建设的光辉历程，更是给中央党校主楼赋予了鲜活的灵魂，凸显了我党最高学府鲜明的红色文化底蕴。

站在主楼最高处遥望四方，南面是颐和园万寿山鳞次栉比的亭台楼阁，其中的景福阁值得认真一述，它曾是慈禧太后在颐和园赏月、观雨、接见外国使节的地方。1949年2月，北平解放前，国共两党的和平谈判就在此举行。紧邻旁边的益寿堂，又名松春斋，曾是皇家药房，也是毛泽东和中央领导由西柏坡进京后，邀请各界民主人士座谈和宴请客人的地方，之后转往香山双清别墅居住办公。正因如此，中央党校建筑群的总体布局就是以景福阁作为子午线而测定的中轴线，自南向北延展开来，形成以中央党校校名石、主楼、战友雕像、校训石、毛泽东雕像、大礼堂、育园楼、邓小平雕像、旗帜群雕、综合楼为中轴线的前后相序的校园建筑格局。中央党校的东面是圆明园遗址，其中最大的水域是福海，宽阔的水面犹如一面平镜，映照出碧水云天的壮美景观。西靠北安河，河水自南向北又转而向东，沿着中央党校西墙与北墙，蜿蜒曲折，潺潺东流。附近的红山、玉泉山、香山绵延起伏，呈现出"横看成岭侧成峰，远近高低各不同"的层峦叠嶂之势。北面是西山余脉之一的百望山，乳白色的气象塔矗立于主峰之上，暖阳高照时，远远望去熠熠生辉。从总体布局看，中央党校校园的选址与建筑充分利用了周边环境和原有地形，采用"虽由人作，宛自天开"的园林艺术原则，构成以颐和园为主要依托，与西山脚下的三山五园相映成趣的宏大景区的一个有机组成部分。

当我们站在主楼顶端，眺望远处葱郁荫翳的树木与湛蓝辽阔的天空之后，再来俯瞰主楼的南广场，顿生"远水清风落，闲云

北校区建党百年花坛

别院通"之感。在主楼南广场东西两端各有一棵高大的法桐树，广场东西两边对植了两排油松，共12棵，广场大草坪中央是一个由五颜六色的植物构成的大型梅花状图案，最前面是两棵巨大的小叶黄杨球，正对南门置放的大理石上镌刻着江泽民同志题写的"中共中央党校"6个金色大字。在主楼南广场最引人注目的景观当是那两棵法桐树，它们栽种于主楼建成之时，至今已有近70年的历史，每棵法桐树都是干高冠大，高过4层楼顶，年复一年的夏秋季节，它们枝繁叶茂，把绿意和浓荫悄无声息地送给党校的每位教职学工，初来党校的学员和访客从树下路过，都会为它们的高大茂盛惊叹不已。

再看主楼北广场，在碧绿草坪的东西两侧对植了两排白皮松，共10棵，它们树形优美，树皮奇特，其干皮呈斑驳状乳白色，斑斓如龙，衬以翠绿的树冠，它们与植于其中的草地绿毯彼此辉映，甚为美观大方。古人曾有"叶坠银钗细，花飞香粉乾，寺门烟雨里，混作白龙看"的诗句来描述白皮松的美丽与壮观。在绿色草坪的正中央种植着一棵巨大的雪松，远远望去，它像一座碧绿的宝塔，整个树干粗壮高大，树枝一层一层向四周舒展开来，墨绿色的叶子像一根根尖针，伴随四季风吹，翩翩起舞。也许正是因为它春夏秋冬不畏严寒和酷暑，永远傲然挺立的形象，人们赋予其坚贞高贵的道德品质。

2017年7月，中央党校在这棵雪松前安放了一座高4.5米的白色花岗岩雕像，这尊雕像名为《战友》，由著名雕塑家曾成钢创作，

◦—— 北校区《战友》雕像

它由马克思坐像和恩格斯立像组成，两个战友，一坐一立，神态安详，凝神远视。我们知道，马克思、恩格斯之所以长久地被人们敬仰怀念，主要是因为他们的思想智慧，似暗夜明灯、如初升朝阳，照亮了全世界无产阶级寻求自身解放的道路。善言往者必将有验于今，他们将永远指引着中国共产党人为了中华民族伟大复兴和人类的全部解放事业，生命不息，奋斗不止。

## 见证历史荣光的精神殿堂

任何民族、国家和政党为了团结民众，凝聚共识，都会建构各种公共活动空间，以便宣传其理论主张，倡明其方针政策，礼堂无疑是诸多现代公共空间中最为重要的建筑标识之一。一般而言，现代礼堂既是用来群众集会、观看电影和从事演出活动的重要场所，也是记录特定时代各种社会潮流的文化表征符号。作为一种重要的公共活动空间，它最早源自中国古代的宗族祠堂和西方的宗教教堂，之后演化为形态各异的公共建筑类型。正是在这种独特的公共空间中，形成了人与人、人与社会、人与环境之间的复杂互动，人们在这里参与各种活动，不断接收不同类型的知识体系，培育出形质各异的价值观念，同时，也潜移默化地陶冶出特定时代的公共礼仪、社会规范和行为模式。

延安时期，中央党校于1940年在小沟坪兴建小礼堂，1943年又兴建了可容纳2000多人的大礼堂。今天的中央党校大礼堂兴建于1957年9月，建筑面积12000余平方米，总设计师为著名建筑学家戴念慈先生；内设门厅、观众厅、舞台、化妆室、贵宾室、管理室等，并设有东升厅和西华厅两个大教室，是学校教工学员聆听中央首长和党校教师讲课的重要场所，还可以欣赏音乐，观看各类电影和大型戏剧演出。中央党校大礼堂作为全校建筑的核心组成部分，和坐落于中轴线上的办公主楼、综合楼遥相呼应，构成蔚为壮观的中央党校总体建筑群。大礼堂的外墙以黄缸砖为基色，装修精美，半圆拱形门窗源自延安窑洞的设计，有20余种图案镶嵌其上，正面高耸的拱形屋檐下，镶有5个大圆形空心花饰。礼堂东西两侧是两个大花园，绿树成荫，郁郁葱葱，在蓝天白云的映衬下，整座大礼堂显得金碧辉煌、庄严肃穆、美轮美奂。

中央党校大礼堂及校内多座重要建筑的外墙之所以采用黄缸砖作立面，是因为黄色是中华民族最亲近的颜色，是中华民族历经数千年而建构起来的记忆符号。中国人被称作黄种人，我们传说中的始祖叫黄帝，孕育我们的母亲河叫黄河，我们赖以生存的土地是黄土地，中国最美的山叫黄山，中华文明的发祥地是黄土高原。特别是在五行说中，黄色属土，土地是中国农业之本，也是华夏民族安身立命之基，更是中华文化善之本源和价值之根，中华民族从来都是植根于土地，而不是剥削土地；顺应自然，而不是蹂躏自然。中华民族将浓浓的土地情结内化为对自然的依恋和对故园的眷顾，这在很大程度上影响并塑造了中华文化内在的精神气质和特有的表达方式。如果说一个民族只有归属于和其祖先或血缘相关联的存在结构之中，才能开拓出自己的生存空间，并锻造和升华出笃定的独特品性,那么一个政党只有"知所从来",才能"方明所往",中国共产党就是在一次次土地革命中获得了无限生机,逐步从小到大、从弱到强,不断从一个胜利走向另一个胜利。中国共产党人一看到西北高原上的黄土地,心里就有了依靠、身体就有了着落,无数共产党人不断到延安的黄土高坡上瞻仰革命圣地、红色旧址和各种历史纪念场所,目的就是要重温那一段峥嵘岁月,因为在这里有中国共产党人的心灵净土和精神家园。中央党校的主体建筑用黄土地的颜色作为主基调,就是要引领教职工和广大学员,不断抵达历史的深处、倾听历史的回响、揭示历史的逻辑,阐释历史对今天的深刻启

北校区大礼堂

林 / 中 / 路 / 向 / 澄 / 明 / 心

迪。古人云:"天下将兴,其积必有源。"回望来路,以史为鉴,开创未来,再造辉煌,无疑反映了当代中国共产党人高度的历史自觉和历史自信。

在大礼堂的正前方是一处长方形的大广场,广场的东西两侧各种植着一排榆叶梅和两排圆柏。每年春天一到,一树树榆叶梅,花团锦簇、灿烂多姿、清香宜人,在晨露里含笑绽放,远远望去,一个个硕大的花球在春风里摇曳着娇媚的身姿,彰显出"百缕千枝红似火,驱霜拨露自逍遥"的诱人景色,引来无数路人驻足观赏、拍照留念。榆叶梅的花朵大约是承袭了梅花的风骨,粉红色的花瓣层

北校区礼堂广场榆叶梅

层叠叠，花蕊里长出一根根细细的花丝。但是榆叶梅的花期十分短暂，从开到落不过十几日，随着花瓣的飘落，青青的果实便催着绿叶接踵而至，正所谓"花褪残红青杏小"，"万叶欣欣绿"。与榆叶梅稍纵即逝的烂漫花朵相比，旁边的两排圆柏则是"生命之树长青"。兴建大礼堂时在广场东西两侧各栽种了两排圆柏，至今已过半个多世纪，它们大多已高达10米以上，底部周长也超过3米，整个树干浑圆挺拔，枝繁叶茂，里面的树皮呈深褐色，成条片状纵向开裂。它们犹如一座座圆锥形凌霄宝塔，经年累月高高耸立在这里，不畏酷暑烈日、无惧寒风霜雪，既是这座历经风雨的大礼堂的守护者，也是中央党校历史沧桑的见证者。从某种意义上讲，也许唯有它们才真正做到了"龙腾九天随心去，人世纷扰不复忧"。

在大礼堂广场的正中心伫立着一尊毛泽东雕像，该雕像由著名雕塑家李象群设计，题名为《我们的老校长》，整个雕像总高6.5米，主体呈古铜色，基座为白色。该雕像与遍布全国各地的毛泽东雕像最大不同之处在于，作者以毛泽东在延安时期的体貌特征为摹本，刻画出卓尔不凡的伟人形象。在天光闪烁的苍穹之下，伫立在基座上的毛泽东，头戴红军帽，身子向左微斜，双手叉腰，凝神沉思。如果仔细查看，细心的观众会惊讶地发现，毛泽东双手叉腰的动作与众不同，常人叉腰时，通常是4个手指向前，大拇指向后，而毛泽东的习惯性叉腰动作却是大拇指向前，4个手指向后。特别是延安时期的毛泽东正处于中年时期，他肌丰骨劲、神情肃毅、气清容静、心笃意坚，面对日寇强敌入侵、华夏蒙难，他的眉宇间充

林 / 中 / 路 / 向 / 澄 / 明 / 心

—— 北校区礼堂广场《我们的老校长》雕像

满深沉的忧思,流露出在民族存亡绝续的重要关头其内心深处的忧国忧民情怀。

之所以将延安时期的毛泽东形象矗立于此,是因为1943年3月至1947年3月,毛泽东曾兼任中央党校校长,在中央党校发展史上留下了一份特殊荣光和亲切记忆。在他兼任中央党校校长的4年里,正是中华民族的抗日战争从战略相持转入战略反攻、夺取抗战最后胜利并开启解放战争大幕的关键时期。作为在长期革命斗争中涌现出的党的杰出政治领袖和军事统帅,他在日理万机、戎马倥偬之余,高度重视和关心党校建设,为之倾注了大量心血。他亲自确定了党校的办学方向,计划安排了党校教学的主要内容,为党校题写了"实事求是"的校训,多次给在校学员亲自授课并发表过一系列重要讲话,可谓名副其实的"老校长"。全党通常把这一时期的党校历史称为第一个"黄金期"。古人云:"天地钟灵毓秀,山水造神化圣。"正是因为毛泽东伟大形象的存在,为中央党校树立起一座不朽的精神丰碑。作为中国共产党、人民军队和新中国的主要缔造者,延安时期的毛泽东,对如何把一支以农民为主体的革命队伍建设成真正的马克思主义政党领导下的人民军队,进行了最为深入的思考。在理论层面,他发表了一系列知名论著,诸如

北校区礼堂广场泰山石题字"实事求是"和"为人民服务"

《实践论》《矛盾论》《论持久战》《新民主主义论》等，为在党内确立毛泽东思想的指导地位奠定了丰富完善的理论基础。在实践层面，他带领全党由青涩走向成熟，锻造出一个具有坚定理想信仰、严密组织纪律、崇高牺牲精神的共产主义政党，为夺取抗日战争胜利、新民主主义革命胜利和成立中华人民共和国打下了扎实厚重的实践基础。

在大礼堂广场最南端的正中位置，安放着长9.9米、高2.1米的校训碑，碑身为灰色泰山原石，在空明澄碧、洗尽纤尘的蔚蓝色天空下，其给人以质朴厚重、势大力沉之感。校训碑的前面和后面分别是毛泽东题写的"实事求是"和"为人民服务"。这9个金色繁体字大气磅礴、雄健洒脱，可谓独步天下、光彩夺目。前者主要代表了党的思想路线和工作方法，后者集中表述了党的根本宗旨和群众作风，二者的一体两面和高度统一，既彰显了马克思主义思想的核心精髓，又突出了共产党人的价值追求。我每天上下班从这里走过，时常想到，在我党百年光辉历程中，党的事业的兴旺与发达、党员个体人生的成功与辉煌，皆与能否根本遵循这九字箴言息息相关，从思想根源与哲学本体论上讲，这9个大字不就是中国共产党人全部人性与党性光辉的最高体现吗？

## 植根大地的校园秋色与深情

在四季轮回、波澜起伏的时间长河里，人类诉诸秋天的感情最为复杂多变。古代农民面对秋天的累累硕果满心欢喜，《诗经》曰："椒聊之实，蕃衍盈匊。"古代士人面对秋天的萧瑟寂寥多发悲情，欧阳修的《秋声赋》言："草拂之而色变，木遭之而叶脱。"当今之世，我面对缤纷秋色时，更多地想到毛泽东《沁园春·长沙》中"看万山红遍，层林尽染"的高远辽阔性诗句。作为一名长期在中央党校工作的教员，每年秋季来临，校园内综合楼广场上的自然人文景观最使我感慨万千。综合楼广场位于中央党校北校区中轴线的最北端，除了周边的自然景观和木质廊架，中轴线上的邓小平雕像、旗帜雕像和综合楼共同构成一组建筑群落。

广场的周边种植了间隔有序的银杏树，广场内的草坪上植满雪松、青竹、法桐、玉兰、元宝枫、红枫等树种。每年秋高气爽时节，这里五彩斑斓的耀眼景色成为教职工和广大学员展示摄影技巧与妙手偶得的绝佳去处。几轮秋风过后，一树深绿的银杏叶像是中了魔法,很快变得金黄灿烂,在纯净的秋日暖阳照射下,犹如一把碎金,为这片区域增添了绚丽的金色秋韵,特别是被秋霜秋雨亲吻过的银杏叶簌簌飘落,顷刻让人想起"金风玉露一相逢,便胜却人间无数"的生命吟歌。与金黄色银杏树毗邻而居的是茂密的雪松林,每一棵雪松颇似一座碧绿的宝塔,苍翠挺拔,繁盛的枝叶犹如孔雀开屏向四周舒展开来,每一簇松针都是"绿波浸叶满浓光,细束龙髯铰刀剪"。木质廊架旁边的一丛丛青竹更是高耸挺拔,郁郁葱葱,绿影婆娑,给人以"竹径通幽处,禅房花木深"

◆—— 北校区综合楼广场

的静谧之感。与竹林的淡泊雅韵相反，广场上的各类枫树则浓艳热烈。杜牧在《山行》中之所以吟出"停车坐爱枫林晚，霜叶红于二月花"的诗句，是因为二月里盛开的花木，红得鲜艳靓丽、朝气蓬勃，而秋天里的枫叶却红得淋漓尽致、深沉透彻。尤其是这里的五角枫、元宝枫，满树殷红的枝叶犹如一团火焰在熊熊燃烧，沸腾激荡，渲染出"红云几万重，飞焰欲横天"之势。正是枫树的惊艳无比，吸引不少学员来到树下，捡起一片飘落流丹的枫叶夹在书本里，以兹作为在中央党校学习生活的永恒纪念。广场内赤橙黄绿的各种植物交相辉映，胜似一幅绝美的泼墨画，激荡出天地万物各正

→ 北校区综合楼前秋季红枫

性命、生生不息的万千气象，令无数学员魂牵梦萦。

在这"万类霜天竞自由"的秋日里，人们情不自禁地发出"问苍茫大地，谁主沉浮？"的感慨，广场上的邓小平雕像和旗帜雕塑给我们作出了铿锵有力的回答：人民，只有人民，才是创造历史的根本动力。2015年8月28日，以《总设计师邓小平》命名的雕像被安放于中央党校综合楼广场的最前端，雕像总高5.5米，用青铜铸造，由中国美术馆馆长、著名雕塑家吴为山创作设计。该铜像将写实与写意相结合，把邓小平的形态、姿态、情态、神态融为一体，实现了邓小平形象神、韵、意的高度统一，给人以巨大的视觉冲击力。大理石基座上的邓小平英姿勃发，面含微笑，从容坚定，迈着稳健的步伐，迎风走来，微风将其披肩大衣的一角轻轻吹起，身体和衣服表面的凹凸隐显出一种质感意象，将其一生丰富经历造就的开朗面貌和乐观精神刻画得淋漓尽致，不仅体现出一代伟人的个性修养和独特气质，也反映着一个时代的精神风貌和人文理想，更反映出中国共产党带领人民群众永不停步、行稳致远的伟大情怀，堪称伟人与时代的传神写照。尤其是邓小平对广大人民群众充满了无比深厚的革命感情，他曾经说过："我是中国人民的儿子，我深情地爱着我的祖国和人民。"他历来对基层干部群众的工作给予充分的理解和信任，总是积极鼓励大家坚持对的，改正错的。他的"摸着石头过河""黑猫白猫"等理论，既源自人民群众的谚语，又是在用人民群众听得懂的语言来表述其政治主张和工作方法，彰显出对人民群众主体性、能动性、创造性的充分肯定。不仅如此，邓

林/中/路/向/澄/明/心

○—— 北校区综合楼广场《总设计师》雕像

小平认为他自己就是普通群众的一员,他从未走向神坛,他像常人一样,热爱家庭生活,喜欢和朋友打桥牌,愿意从爬山、游泳等各种体育运动中寻找生命的乐趣。将伟大寓于平凡之中,大道至简,大美天成,当是邓小平一生光辉形象的真实写照。

领袖只有植根于人民群众之中,才能创造出历史伟业。邓小平雕像之后的《旗帜》雕塑充分印证了这一永恒真理。《旗帜》组雕由中央党校策划,辽宁省委、省政府捐赠,2018年落成,高13.7米、长20.8米、宽11.1米,人物平均高度达4米,由一面迎风招展的中国共产党党旗和62个栩栩如生的人民群众代表组成。鲜红的党旗被置于这组群雕的最上方,它既是对党校教职工和广大学员理想信念的神圣召唤,也是激励人们追求崇高精神的重要标示。在这金秋时节,党旗的红色同周边的红枫浑然一体,不仅彰显着热烈与奔放,也预示着幸福与吉祥。党旗上金黄的锤头和镰刀,更是闪耀着遥远年代的灿烂与辉煌,抬头凝视这如火似炬的党旗,总能使人生发壮怀激烈的情感,不由得联想到"六盘山上高峰,红旗漫卷西风"的胜利场景。在党旗之下的正前方伫立着工人、农民、知识分子、干部、解放军战士、新社会阶层等中国特色社会主义建设者的生动形象，每个人的眉宇间都透露出一束独特的精神之光，或朴实，或安详，或深邃，或坚毅……紧随其后的是56个民族代表的雕像，这组雕塑不仅人物众多、体量硕大，而且气势恢宏、鲜活灵动，呈现出高超的艺术创作水准。蒙古族的热情豪放、维吾尔族的能歌善舞、藏族的豁达开朗……每个民族的独特个性都被刻画得惟妙惟肖，纤毫毕现。整组雕像象征着社会各界和全国各族人民紧密团结在以习近平同志为核心的党中央周围，在中国特色社会主义伟大旗帜指引下，众志成城、坚定豪迈地为实现中华民族伟大复兴的中国梦而努力奋斗。

在《旗帜》雕像后面是中央党校的综合楼，它于2001年竣工，由紧密相连的三部分构成，左右对称，东部主要为图书馆，西部一层为信息管理部，二层、三层为多媒体教室，中部是宽敞明亮的拥有680个席位的学术报告厅，并备有典雅的贵宾休息室，用于招待来此作重要报告的中央领导和发表演讲的国外贵宾。整个大楼外墙基座为蘑菇石，象征着中国共产党执政基础的坚实厚重，基石之上由蓝灰色玻璃幕墙和金沙黄干挂石材墙面构成，并采用近似延安时期中央党校大礼堂立面的建筑特点，隐喻着对革命传统的继承与发展；同时又通过玻璃幕墙和金属屋面相结合的现代建筑，充分体现了继往开来的时代精神。特别是其屋顶的钢结构梭形大屋盖，外包银灰色单铝板，以展翅飞翔的姿态，预示着中国共产党的伟大事业飞升腾实和蒸蒸日上。无论是来这里聆听中央领导重要讲话的省部级干部，还是参加培训学习的广大学员，来到综合楼广场散步、摄影或拾级而上、入室听课，都会被这红色雕塑营造的庄重氛围所感动，它们与综合楼里的课堂教学相辅相成，共同发挥着潜移默化的党性教育作用。

广场区的自然景观与邓小平雕像、旗帜雕像、综合楼浑然一体，并与周边的山苍、水静、云白相映成辉，共同构筑出一幅完美和谐的红色校园文化图景。众所周知，任何空间中的建筑群落都孕育着自己的独特灵魂，它为人所造，供人所用，也深刻形塑着人们的精神生活，坐落于中央党校中轴线北端的这组建筑群落亦复如是。正如综合楼前的各种植物一样，只有植根于大地的沃土之中，

——→ 北校区综合楼广场大型雕塑《旗帜》

才能汲取充足丰沛的营养，最终成长为参天大树，并孕育出五彩缤纷的靓丽秋色。一个民族只有归属到与其祖先和血缘相关联的存在结构之中，才能开拓出自己的生存空间，并锻造和升华出笃定的独特品性。同样，一个政党只有永远扎根于人民群众之中，才能获得兴旺发达的不竭动力，并通过不断地自我革命跳出历史周期率的制约，在不忘初心和牢记使命中，永葆其风华正茂和昂扬向上的勃勃生机。

## 南山、北山、千萃山

南山、北山、千萃山是中央党校北校区的三座小山峰，是在20世纪90年代中央党校园林建设过程中，挖湖堆土累积而成的校园景观。三座山峰与校园内的掠燕湖以及依湖而建的各类亭台楼阁一起，构成中央党校校园内的独特人文景观。同时，也与校园外的西山、颐和园、圆明园遥相呼应，相映成辉，浑然天成，构成北京西郊著名景观中不可或缺的组成部分。

南山位于校园内西南一隅，其主体建筑是山脚下巍峨耸立的三层阁楼——"罔极楼"。"罔极"二字本意是无边无际，但在中国古代经学元典中有多重含义，如《诗经·小雅·蓼莪》："欲报之德，昊天罔极。"意思是说"想要报答父母恩，恩大如天报不得"。但"罔极楼"在这里的深层含义则是"无极而太极"，抑或"无所不用其极"，这个"极"就是中国古代世界观、人生观、价值观的"基始"，即形而上的"天道"，天道的本质特征就是让万物各正性命，生生不息。人生天地间，应当以道受命，德配

→ 北校区周极楼

天地,将天道之"实然"转化为人道之"应然",亦即"亲亲、仁民、爱物",故在"罔极楼"的二楼和三楼正上方悬挂着两块巨额牌匾"德建名立"和"高山仰止",它在时刻提醒着来中央党校学习的高中级干部,"不患位之不尊,而患德之不崇",修身立德乃为政之基。

南山西部山脚下矗立着一尊巨石,犹如天降,上书"西来石"3个遒劲有力的大字,它旁边的牡丹园和芍药园当是党校学员和教职工最为心仪之处。每当春季来临,花开时节,牡丹树枝上一片片青翠欲滴的绿叶,托撑起一团团、一簇簇娇艳饱满的花冠,花瓣重重叠叠,赵粉、姚黄、魏紫……或挺立,或醉卧,或低垂……彰显出牡丹花雍容华贵、国色天香的富贵形象,它深沉内敛而不含蓄,热

○—— 北校区西来石和芍药园

烈奔放而不招摇，令人震撼，使人陶醉，给观赏者无限遐想，正所谓"竞夸天下无双艳，独立人间第一香"。而紧邻旁边的芍药园则是另一番景象，芍药虽然没有牡丹的富贵荣耀，但它同样秀美飘逸，红宝石、白玉灼、黑紫金……令人目不暇接，它同样能将自己的每一朵花开到极致，特别是它不像牡丹花那样左顾右盼，而是蓬勃向上，直面天空，任人品鉴。通常情况下人们不易凭借花色区别牡丹和芍药，但这里的牡丹都是4月前后早早开尽，而芍药要到五六月才姗姗烂漫。二者虽然都是芍药科植物，然而牡丹是木本植物，芍药是草本植物，前者木质坚硬，高大直立，主干明显，属多年生植物；后者木质柔软，呈灌木状，属一年生植物。

从南山到北山之间有一条山脊小路，蜿蜒曲折，起伏不定，两边是高低不等和粗细有别的柏树，树龄都在四五十年以上，枝繁叶茂，苍翠挺拔，郁郁葱葱。春季来临时，在树荫下经常长满二月兰，这种花对生长环境要求极低，具有顽强的生命力，只要稍微有点空间，它就蓬勃地窜出地面。与南山脚下象征富贵荣耀的牡丹和芍药相比，它似乎出身贫寒而卑微，但同样呈现出窈窕而娇媚的身姿，散发出沁人心脾的幽香。行走在这条静谧幽深的林中小路上，总能让人远离尘世的浮华、矫饰与躁动，回归内心的质朴、真诚与淡雅。

小路的尽头就是中央党校的北山，北山之上有一主体建筑叫"敷山亭"，由于它掩映于一片树木和竹林之中，经常被人忽略或遗忘。然而，当你登临此亭时会发现，它依山而建、高大畅朗，给

● 北校区掠燕湖西面松林小路

人以"亭依山而雄，山因亭而秀"的感觉，一泓溪流自石阶顶端而出，流经敷山亭下，穿亭而过。"敷"字本意是"点缀"，"敷山亭"顾名思义为点缀北山而建的亭子。其创意源自圆明园著名的四十景之一"坐石临流"，乾隆曾为圆明园的此景题诗云："白石清泉带碧萝，曲流贴贴泛金荷。年年上巳寻欢处，便是当时晋永和。"个中含义仁者见仁，智者见智。

北山之上令人感慨之物当属秋天盛开的野菊花，历史上的文人骚客描写菊魂菊意的诗句比比皆是，但夸赞的对象都是园中或盆中盛开的菊花，它们如牡丹芍药般娇艳妩媚，而这北山上的小小野菊花，却常在万物凋零的深秋里开着黄色的小花，有半尺高，一丛丛

北校区敷山亭

→ 北校区北山石

一片片,铺满小山坡,在天冷乍凉的萧瑟秋风里,昂首挺胸地顽强挑战着季节的变换。陈毅元帅曾在一首诗中这样赞美野菊花:"秋菊能傲霜,风霜重重恶,本性能耐寒,风霜其奈何。"的确,这小小野菊花虽不华丽富贵,但却用它朴实无华的美丽和淡淡飘逸的幽香,启迪我们去深思世间万物和生命的价值与意义。

从北山小路旁的树木缝隙中抬头仰望,会被一座陡然崛起的山峰挡住视线,这座山峰就是中央党校著名的千萃山,它是党校北校区的制高点,拾级而上,到达山顶,让人顿生豁然开朗之感。山顶之上矗立着一座造型别致的八角凉亭,名曰"远望亭",其朱红亭柱上的一副楹联迅即映入人们眼中——"仰望西山层林染,眺想园中昆明湖",读罢此联,便知该亭用意。站在亭中极目西眺,苍翠的西山宛如海上起伏的波涛,汹涌澎湃、重峦叠嶂、雄伟壮丽;遇到雨雾天气,西山就像笼罩着一层轻纱,影影绰绰,朦朦胧胧,在缥缈的云烟中忽远忽近;傍晚时分,西山的峰岭之间,经常是彩霞满天,流光四溢。再向南望去,映入眼帘的是颐和园万寿山上昂首入天的佛香阁及其阁下的智慧海建筑群,特别是晨曦初露时,火红的朝霞照在佛香阁顶部的金色琉璃瓦上,远远望去,金光闪闪,绚丽烂漫,大有"千岩发彩流朝霞,茂苑腾光荡碧宇"之势。再向东南方向望去,党校的全部景观尽收眼底,南山、北山之葱茏,

北校区千萃山上的远望亭

林/中/路/向/澄/明/心

掠燕湖水之澄碧，可谓天光接引，万物凝辉，令人荡气舒怀。此外，"千萃山"之名亦有其特殊意蕴，之所以在"万""百"之间取"千"，是因为它介于颐和园万寿山和西山北麓百望山之间，聚拢两山之神韵，荟萃园景之精华。

在千萃山脚下的掠燕湖畔，矗立着一座由吴为山先生设计的孔子向老子"问道"的雕像。孔子穿越南山和北山的密林，千里迢迢，远道而来，面向老子，拱手而立，敬而无失。老子则迎风而立，微笑作答，二人衣袍在风中飘逸招展，栩栩如生。每次从这组雕像前

—— 北校区《问道》雕像

路过，经常思忖，老子回答孔子的那个"道"究竟是何物？史书上众说纷纭，难归一是。据南华真人所传，老子所答之道当是："天地无人推而自行，日月无人燃而自明，星辰无人列而自序，禽兽无人造而自生，此乃自然为之也，何劳人为乎？人之所以生、所以无、所以荣、所以辱，皆有自然之理、自然之道也。顺自然之理而趋，遵自然之道而行，国则自治，人则自正。"质言之，"依道而行，知止不殆"，此乃天地人神之大道矣！

## 一泓心水掠燕湖

"心水"在现代网络流行语中的本意是"偏爱""喜欢"之意,掠燕湖就是全国党校人和来党校培训的高中级干部的一泓"心水"。它位于中央党校北校区的西北一隅,是1994年开始规划和改造的人工湖景区,环境宜人,风光独特。它既是来校学员紧张学习之余踱方步、冷思考的理想胜地,也是党校教职工和家属休憩放松的心仪之所。

湖面虽难称"辽阔",但也不亚于清华荷塘和北大未名湖,只是因常人难窥其貌,故不及荷塘和未名湖声名远播。伴随春夏秋冬的变化,掠燕湖的景色可谓"处处回头尽堪恋,就中难别是湖边"。夏日

里偶尔一丝微风袭来,在平静如镜的湖面上泛起些许细小的涟漪,轻悄地漫散开来。四周的垂柳把湖面当作梳妆的镜子,倒映出婀娜多姿的风采。秋天里湛蓝的天空中飘浮的朵朵白云不时从湖面掠过,给人以"白云悠闲无心事,偎依蓝天映湖清"的淡然心境。

湖中最令人恋意缠绵之物,当属穿梭跳跃的锦鲤和昂首浮游的天鹅,它们是湖中的主人。只要有人将食物撒向水中,金色、红色、黑色、白色、杂色等色彩斑斓的鱼儿,争先恐后地簇拥而来,像瞬间铺开的五彩锦缎在湖中飘荡,有的跃出水面,有的潜入水下,有的横冲直撞……如风卷残云般将食物啄个精光,并激荡起无数翻滚的浪花。与转瞬即逝的鱼群相比,湖中的白天鹅和黑天鹅行动起来则庄重典雅了许多,它们总是结伴而行,白天鹅的羽毛洁白如雪,黑天鹅的羽毛乌黑如缎,它们亭亭玉立、挺脖昂首,神气时如将军,文静时如睡莲,在湖面上优雅地游弋。当其高声鸣叫时,不免让人遥想起白居易《鹅赠鹤》中的千古追问:"君因风送入青云,我被人驱向鸭群。雪颈霜毛红网掌,请看何处不如君?"

→ 北校区掠燕湖秋景

# 林 / 中 / 路 / 向 / 澄 / 明 / 心

○—— 北校区掠燕湖锦鲤和天鹅

遐想之时，被湖面北部滔滔水声所打断，应声而去，映入人们眼帘的是一袭瀑布沿着堆满太湖石的峤岩立壁飞泻而下，山泉澄澈得如同有了生命的水晶，喧哗着，打着旋涡、吐着白沫，蜿蜒流泻在山涧里。水花在岩石上绽开，顿时抛洒万斛珍珠，溅起千朵银花，喷珠飞雪，壮如玉龙飞舞，彰显出"灵山多秀色，空水共氤氲"的旷野之态。

然而，要从掠燕湖的垂柳浮云、鱼鹅之戏、瀑布流水中，参天地之化育，鉴人性之善恶，当走进其主体建筑"二味书屋"中，方能身历心悟其中的奥妙与玄机。说起"二味书屋"，人们首先会想到鲁迅少年时代在绍兴府城内就读过的著名私塾"三味书屋"，所谓"三味"，是取"读经味如稻粱，读史味如肴馔，读诸子百家味如醯

北校区掠燕湖山石流水

北校区掠燕湖二味书屋

醴"之义。但中央党校的"二味书屋"则另有深意，它坐西向东，是一栋上下两层的皇家宫殿式仿古建筑，每层四周的书架上摆满了古今中外的人文社科名著，中间是供学员和教职工读书谈心的桌椅和几案，上下楼梯之间，也码放着整齐有序的各色书籍，给人以"博览群书添雅趣，缕缕书香胜饭香"之感。书屋二楼的中间是一座小吧台，为来此驻足的客人提供各种咖啡和茶水，静谧书屋里浓浓的咖啡香和淡淡的茶叶香交织在一起，在屋内各处弥漫飘逸，让人品尝出人生的苦涩与甘醇。彼时，或两三好友倾心相遇，安暖相陪；或一卷在手，伏案而读，皆可"心骛八极，神游万仞"，使人的心思翱翔于精神的广阔天地。"二味书屋"的巨幅楹联最是为人们所称道，一楼入口处悬挂着欧阳询的"为学深知书有味，观心澄觉湖生光"，如果说此联只是引领你走进书屋的向导，那么二楼之上"鉴水平云"横批下的楹联"鉴形鉴心性当鉴水，平恼平欲志尚平云"则告知你党校读书人所应追求的人生至高境界。

　　站在"二味书屋"的阳台上远眺，会看到湖的北面高高矗立着一座通宽16米、高约10米的巨大牌楼。该牌楼始建于明嘉靖二十一年（1542年），曾矗立于北京景山前街，20世纪50年代移至此处，呈

北校区"弘佑天民"牌楼

四柱七楼式品字形排列，楼顶为庑殿式，覆盖黄色琉璃瓦，朱红枋柱，玲珑精巧，格外辉煌。每当旭日初升时，牌楼上方"弘佑天民"4个金色大字闪闪发光，牌楼下的小广场上，经常看到不少党校学员在老师的引领下苦练太极拳的场景，人们在悠扬的乐曲声中，动静开合，练气化神，内外兼修。牌楼的北面镌刻着"太极仙林"4个大字，傍晚时分，夕阳西下，在湖面之上映照出万道霞光，无数的飞燕唧唧喳喳地欢叫着，在牌楼的庑檐下寻找着自己的仙林栖身之所。

依照中国古代"咫尺山林，多方胜景"的园林建构规则，有湖必有岛，掠燕湖亦不例外。人们沿着湖中小桥走进湖心岛，映入眼帘的是两座别具一格的厅廊轩榭，供游人极目远眺，尽享大自然恩赐的天光云影。近些年，湖心岛上的小长廊改造成了我党"一大"会议展览室，旁边湖中停着嘉兴市委赠送给中央党校的1∶1仿制而成的"一大"红船，并在湖心岛上增设了"一大"代表群雕像，来校学员和教职工时常站在群雕前，辨识着每位革命先行者的容光与风采。面对他们，我们每个人是否应当反问自己：我们从哪里走来？为什么要到这里驻足？我们又当走向何方？……

北校区掠燕湖"一大"红船和红船展览室

## 江山胜迹复登临

时间之流总是在过去、现在、未来的滚滚红尘中一去不复返。然而，中央党校内各类建筑的容貌与风格却彰显了过去与现在、历史与现实的高度统一，掠燕湖湖心岛上的最大建筑群落——正蒙斋，就是将中国传统建筑文化予以现代性转化的典范之作。由于正蒙斋是仿照圆明园汇芳书院而建，因此要讲好正蒙斋的故事，就必须从汇芳书院说起。汇芳书院曾是圆明园四十景之一，位于圆明园西北隅，紫碧山房之南，鸿慈永祜之东，西、南、东三面环水，幽静儒雅，景色宜人。乾隆曾给这座书院题诗："书院新开号汇芳，不因叶错与华裳。菁莪棫朴育贤意，佐我休明被万方。"只可惜乾隆情有独钟的汇芳书院，因子孙不肖，不仅未能创业垂统，而且还使山河破碎。1860年10月，汇芳书院被英法联军彻底焚毁，现仅存遗迹。

新中国成立后，中华民族逐步迈向从站起来、富起来到强起来的伟大复兴之路，山河上下"旧貌换新颜"。20世纪90年代，中央党校为了给广大学工人员创造优美的学习和生活环境,聘请了我国著名园林设计大师檀馨先生在掠燕湖湖心岛上,仿照圆明园汇芳书院的建筑格式设计营造了今天的正蒙斋。之所以名之为"正蒙斋",是因为"蒙卦"是《周易》的一个卦名,该卦象辞中有"蒙以养正"一语,蒙,即蒙昧未明;正,即订正;意即从蒙童起就应加以培养。北宋著名思想家张载著有《正蒙》一书,书中言:"养其蒙使正者,圣人之功也。"中央党校将这座建筑群落命名为"正蒙斋"就缘源于此。

正蒙斋的外斋、内斋、后斋和偏房大都是单檐歇山顶式建筑,底层为青石垒砌,主体为木质结构,歇山屋面铺设青色瓦当,房檐镶以金色剪边,弯弯的斗拱,彩饰金装,工艺精湛。特别是高翘的飞檐,形如飞鸟展翅,轻盈活泼,给人以奔放明快之感。屋顶的横

◆─── 北校区正蒙斋

梁上描绘着仙人飞天、瑞兽祥云等彩色图案，栩栩如生、精美绝伦。屋檐下的彩色椽头横向排列，井然有序、层次分明。直棂窗的棂条竖向排列，间隔有序、疏密有致。它们同朱红色的大门一起构成一幅闳敞轩昂、华美气派的画面，看上去让人赏心悦目，其中的大红基调也象征着整个院落福泽绵绵、喜气连连与鸿运常在。从总体上看，正蒙斋的外观造型古朴典雅，挺拔壮观，给人以肃穆庄重之感。

跨过外斋高高的门槛，走进院落内部，是水泥砖块和石子铺成的甬路，直接通向内斋的外走廊。入门的右侧是一条不算太长的曲折游廊，同内斋的外走廊相互连接，整个走廊顶部和廊柱形成不同的间隔，每个间隔的横梁上画着人物、花草和风景，同绿漆的柱子

○—— 北校区正蒙斋前院

○—— 北校区正蒙斋内彩色走廊

和红漆的栏杆构成一幅古色古香、别致优雅的图景。院内的房前屋后种植着各种花草,特别是东南方向的墙角处植有一大丛翠竹,重重叠叠,郁郁葱葱,高耸挺拔,让整个院落呈现出清丽脱俗的风韵和幽雅别致的意境。在内斋和后斋之间的院内还种着多棵海棠和碧桃,春去夏来之际,花开似锦,娇艳动人,灼灼灿灿,特别是海棠花素有"花中神仙"之称,占尽春色,最是风流。

正蒙斋与北京普通四合院的不同之处在于,受湖心岛面积所限,没有在外斋和内斋之间设置垂花门,而是将垂花门放置到了前院的西墙。我们知道,垂花门是古代民居建筑院落内一道很讲究的门,它是内斋与外斋的分界线,因其檐柱不落地,垂吊在屋檐下,称为垂柱。古代的大家闺秀"大门不出,二门不迈",其中的"二

北校区正蒙斋西墙垂花门

门"就是指垂花门。站在正蒙斋的西墙外反观垂花门,它是大屋脊悬山式建筑,两棵垂柱悬于梁头之下,柱间装着精美的花枋,梁架上施以靓丽的彩绘。两个彩绘雕刻的垂莲柱,如同一对含苞欲放的花蕾,演绎着湖心岛上不同季节的风情与诗意,伴随着秋去冬来,繁华褪尽,它不断尘封起斋院内不与人道的神秘往事。

正蒙斋大门两边是围绕斋院而建的灰瓦白墙,墙体中间部位排列着各种造型的牖窗,这里的牖窗是充满园林气氛的镶嵌式什锦窗,窗的外形各式各样,有扇面形、月洞形、方胜形、五角形等,窗内绘制着各种类型的花鸟飞禽,惟妙惟肖,栩栩如生,给人以活灵活现、精致美丽的愉悦之感。在正蒙斋外墙的四周种植着银杏、玉兰、樱花、油松、水杉、垂柳等各种植物,随着四季的变换,这

北校区正蒙斋白墙黛瓦

里的景色可谓"苟日新,日日新,又日新"。特别是在碧波荡漾的湖水映衬下,正蒙斋彰显出中华传统建筑融精美、古雅、富丽于一身的艺术风格,成为中央党校院内最为人们心仪的休憩场所。

世界著名建筑大师贝聿铭说:"建筑是有生命的,它虽然是凝固的,可在它上面蕴含着人文思想。"在这里,"正蒙斋"3个大字的匾额高高悬挂在正门的上方,在匾额下方的门框上置有一副楹联:"君子温其如玉,大雅卓尔不群。"意思是说,真正的君子应该如玉一般温润沉稳,含蓄坚毅,不事张扬,却自显价值。因为这种品德高尚的人不会泯然于大众的喧哗之中,而是卓特独立、与大众不同的人中杰俊。我想这大概就是正蒙斋这座建筑所涵蓄的人文底蕴吧!

我经常到圆明园探访游览和散步锻炼,每次行至汇芳书院遗址,总会想到中央党校的正蒙斋。唐代大诗人孟浩然在《与诸子登岘山》一诗中写道:"人事有代谢,往来成古今。江山留胜迹,我辈复登临。"今天我们徜徉于掠燕湖的湖心岛上,身历心悟正蒙斋钟灵毓秀的美丽景观和深厚文化底蕴,不就是对已经被历史湮灭的圆明园汇芳书院的重新登临吗?

## 品茗怡情留筠馆

留筠馆，也叫"学员茶社"，它位于中央党校北校区掠燕湖南部，是一座极具中国特色的典雅别致、美轮美奂的园林建筑群，彰显出一幅白墙黛瓦、茂林修竹的江南景象。留筠馆的"留"字暗喻苏州的留园，"筠"字本意为竹子的青皮，"留筠馆"无疑是指留下青竹的美色。留筠馆内由"涵碧山房""明瑟楼""绿荫轩""海棠亭"等一组巧而得体、精而合宜的建筑群落构成，与掠燕湖中皇家气派的园林建筑风格相映成趣，恰似一朵江南奇葩绽放在中央党校的校园之中。

留筠馆之所以又名"学员茶社"，是因为这里的多数房间都是供学员及教职工品茶会友所用。众所周知，我国的茶文化博大精深，茶吸天地灵气为精髓，酝人间万家为香茗，早已通过漫长的岁月时光，渗透到了中华民族的骨血里，生活中各色各样的茶诗、茶舞、茶歌，时时让我们感受着生命的灵性与温度。闲暇时光，邀两三好友来此清宁之所，捧一杯清茗，清香溢满整个房间，再吟一首小诗，抒发出生命的体验，使人在品茶论道中感受生活的美丽与喜乐。特别是当你坐在茶室里，欣赏着茶叶缓缓上浮，继而轻轻下沉，慢慢舒展开曼妙的身姿，它在使你赏心悦目的同时，也让你从其"浮浮沉沉"中感悟生命的价值与意义。此时，安静自在地望着滴翠入眼的汤色，清心平和地细斟浅酌一口，享受那浓郁沁香的口感，体悟那生命情愫的绵长，无疑是一件幸福而温暖的事情。

留筠馆的"涵碧山房"现已改为"国学堂"，大门上方"水月双辉"四字集中体现了这一院落的风景特质，下面是一组由沈鹏书写的东岳庙岱岳殿楹联："木德承天，橐籥阴阳甄品汇；青衹司令，监观上下仰灵威。"赵腊平先生诠释为"巍然屹立的东岳泰山木德高洁，顺应自然规律，致力风清气正，阴阳平衡，社会和谐，并对

◦——— 北校区留筠馆全景

各种行为进行中肯评价，使之彼此融合；令人敬畏的泰山之神威仪天下，统摄世界群灵，繁育万物众生，济生度死，昌盛子孙，且行监督巡视之职，让上上下下心怀感恩之情"。从楹联的蕴意不难看出，整个宇宙大地的生机与奥妙，不仅是和谐统一的，而且它对作为万物之灵的智者——人类也是敞开的。那么，我们就按照宇宙大地给我们的启示，沿着由院外到院内，再由院内到院外的顺序，来仔细审视一下留筠馆的自然美色吧。

　　由南向北通往留筠馆的竹林当是最为人们留恋徜徉之地，苏轼曾说"宁可食无肉，不可居无竹"。古代士人之所以偏爱翠竹，恐怕与人们赋予竹子"虚心留劲节，风雨不知寒"的高尚品质密不可分，故中央党校院内种了多片竹林。但留筠馆前的竹林却有其独特之处，它们沿着校河的边沿铺展开来，因得地利之便，长得高耸挺拔、青翠茂盛。在竹林的中间有一条幽深静谧的林间小径，尤其是春夏季节，雨过天晴，阳光透过竹叶散散地照射下来，人们轻步慢行在这条小路上，正所谓"绿竹入幽径，青萝拂行衣"。此时，一阵微风吹来，竹林轻轻摇曳，沙沙竹语就像美妙的音乐盈盈飘来，立刻使人产生一种红尘荡尽、疲劳无踪的惬意之感，再深吸一口雨后清爽的空气，更是沁人心脾，久久留香。当你不经意间注视林荫下的土地，会发现一个个像尖锥一样的春笋，吮吸着滋润的甘露，探出黄花花的小脑袋，向大地展示着自己旺盛的生命力。

　　穿过竹林，抬头一望，就到了留筠馆的院落之中，玉兰树和海棠树是这里的镇院之宝。在涵碧山房和明瑟楼这两座建筑的窗前，

林 / 中 / 路 / 向 / 澄 / 明 / 心

○—— 北校区留筠馆前竹林通道

北校区留筠馆前的玉兰花

高高耸立着两棵高大的白玉兰树。人们通常用玉兰花比喻刚毅坚韧,因为它的花蕾要顶着大风度过严冬,经过漫漫长冬的沉默之后,不待绿叶萌发,它就早早开放,可谓"寒凝大地发春华"。留筠馆内的这两棵玉兰树,因处背风向阳位置,历来都是中央党校院内最早开花的玉兰树。每当花开时节,站在树前,仔细端详,你会发现,千枝万蕊的玉兰花,有的花朵昂首向上,有的倒挂枝头,有的振翅欲飞,它们如万片削玉,散发着洁白的光泽,高洁清丽,晶莹夺目。每朵花瓣都释放着清新、淡雅的馨香,也使整个院落充满了温润与幽香,令人心旷神怡,正应了诗人所言"素面粉黛浓,玉盏擎碧空,何须琼浆液,醉倒赏花翁"。人们喜欢称玉兰为花中之君子,因为它傲立枝头,翘首蓝天,洁白如玉,清丽华贵,艳而不妖。玉兰花不仅优雅地开,而且沉静地落,它绽放时安谧静秀、宠辱不惊,落下时淡定从容、晏然自若。

留筠馆的后院种植着几棵西府海棠,据说海棠有四品,即西府海棠、垂丝海棠、木瓜海棠和贴梗海棠。而西府海棠是蔷薇科苹果属的植物,是我国特有的一个品种,属海棠中的上品。它在所有海棠中树态俊逸,如同一位亭亭少女,迎风峭立,明媚动人,楚楚有致。每到春夏之交，其花既香且艳，花未开时，花蕾红艳，似胭脂点点，开后则渐变粉红，有如晓天明霞。西府海棠的花形较大，花瓣是心形，四至七朵成簇，朵朵向上，花朵中间映衬着晶莹的绿叶，显得清新婉约，正所谓"枝间新绿一重重，小蕾深藏数点红"。秋天来临时，海棠树上挂满了像小红灯笼似的累累硕果，三个五个凑在一起，一堆堆、一簇簇，随风摇曳，时时勾起人们酸甜可口或馋涎欲滴的食欲。它与前院的玉兰遥相呼应，形成"玉棠富贵"的意境。

观赏完后院的西府海棠，就到了留筠馆的北门，在走出北门的刹那间，回眸一望，每人面对门口的一副楹联，都会表现出先是惊

北校区留筠馆后院海棠花

喜无言,而后仔细品读,再后钦佩赞许,最终生出令人神往的愉悦之情。此联曰"水清鱼读月,林静鸟谈天",清静!清除杂念,静心放下。在名利飞扬、消费盛行、娱乐至上的现代社会,人生还能清静吗?尼采曾经描述现代人:"那种匆忙,那种令人不得喘息的分秒必争,那种不等成熟就要采摘一切果实的急躁,那种你追我赶的竞争,在人们脸上刻下了深深的印痕,就好像有一种药剂在体内作怪,使人不能平静地呼吸。"可见,现代人要达至清静之境,何其难矣!然,虽不能至,吾心向往之。

──→ 北校区学员茶社

## 春华秋实妆燕园

全国各地每一位到中央党校接受培训的领导干部抑或慕名而来的远道访客，走进中央党校的大门，看到"中共中央党校"醒目标识的刹那间，都会"左顾右盼"。"左顾"之际，一处美丽的花园景观映入眼帘，它就是中央党校的燕园。燕园位于中央党校主楼的西侧，1983年由北京市园林局资助修建，由于以北京园林风格为特色，故称"燕园"。燕园内的花木主要是适合北方气候的柿树、元宝枫、松柏，后来还引种了金银木、雪松、云杉、玉兰、木槿等树种。如果说日月轮换的四季是一条波澜起伏的河流，那么"春华秋实"四字则代表了燕园景观的高潮。

每当春季来临时，白紫相间的玉兰花构成了燕园的一道靓丽风景线。这里的两棵白色玉兰树高大挺拔，直插蓝天。春季玉兰花盛开时，彰显出一派质地高雅、玉骨冰心、晶莹剔透的景象，那娇羞欲滴的花瓣宛若霁雨初晴中的仙女，纯洁玉润，温柔娴静，让你不忍心去触碰她。近年来学校园林部门又在这两棵白玉兰树附近种植了多棵紫玉兰树，紫玉兰花通常会比白玉兰花晚开数日，且花期也更长些。紫玉兰盛开时，则凸显一派雍容华贵的景象，每朵亭亭玉立的紫色花瓣，幽雅飘逸，气味芬芳，香气诱人。正所谓"紫气氤氲谁不惊，何须脂粉自娉婷"。加之，紫色在中国古代常为贵族所钟爱，为此，故宫又叫"紫禁城"，暗喻"紫气东来"的吉祥征兆，而紫色玉兰花也更为往来此处的观赏者所垂青。

金银木则是燕园内的又一重要物种，每当春末夏初，金银木枝叶丰满，长势旺盛，一层又一层的花朵使整个植株如同一个美丽的大花球，每朵花的中间是金色花蕊，花瓣为银白色，金银相映，这也许是"金银木"名称的由来所在。由于金银木的花朵清雅芳香，故总能引来蜂飞蝶绕，成为京城或华北地区的重要蜜源树种。金银木最招人喜爱之处，当是金秋

北校区燕园石刻

北校区燕园玉兰花

时节，一对对、一串串鲜艳的小红果挂满整个枝头，常使人想起唐人温庭筠红豆寄相思的诗句："井底点灯深烛伊，共郎长行莫围棋。玲珑骰子安红豆，入骨相思知不知。"尤其是初冬的瑞雪飘落大地之时，鲜红的果实被片片白雪覆盖，红中透白，白中映红，红白相间，晶莹透亮。今人曰："金银花清雅芳香，招蜂蝶寻梦逍遥；金银果娇媚红艳，迎风雪独领风骚。"这也许是对金银木特质最为直观生动的形象概括吧。

秋冬季节的柿子树，无疑构成了燕园内的又一道独特风景。每当秋季来临，燕园内十多棵柿树的叶子会慢慢由绿变黄，由黄变红，最后伴着秋风，依依不舍地飘零而落，化作滋养万物的泥土。树枝上青绿色的柿子也由绿变黄，最后成为橘红色，冬天来临时，一棵棵树上挂满了似火炬、如灯笼般的累累果实，正所谓"林枫欲老柿将熟，秋在校园深处红"。每当冬风乍起之时，鲜红的柿子随着枝杈的摆动，上下飘舞、摇摇欲坠的样子，不免让树下路过的人，心绪不宁，忐忑难安。党校的园林工人很少采摘燕园的柿子，目的是为校园内的喜鹊或其他动物提供过冬食物，喜鹊也十分感恩，来年春天总是在树上飞来飞去，忙着捕捉柿树上的虫子，从而保证了新一年柿子的丰收。

在冬季里，少了繁茂枝叶的遮蔽，驻足观望燕园的松鼠在树枝间欢快地蹦上跳下、追逐嬉戏、来去自如，成为党校员工和学员们的最爱。小松鼠的四肢极其灵巧，行动十分敏捷，玲珑的小面孔上，嵌着一对闪闪发光的小眼睛，时刻都在警觉地观察着周遭的变化，长长的八字胡随着咀嚼食物的嘴唇上下翻动，它们身上灰褐色的长毛光滑得好像搽过油，一条毛茸茸的大尾巴总是上下左右地翘动着，显得格外漂亮。每当它们站在柿树的枝杈上，抱着鲜红的柿子大快朵颐时，总是成为人们争先恐后抓拍的对象。

北校区燕园松鼠

每每静下心来，看一片叶从生到落，观一朵花从艳到枯，不免为花开花落和岁月更迭生发无限感慨！我想燕园的各类植物和动物尚能在飘零的芬芳里，欢快地迎接冬天的到来。徜徉其间的我们，亦当在光阴的风尘中，厉贞心于寒道，蕴挚情于冷峻。沉思着上述形而上的生命哲理，不经意间，抬头望去，燕园内的另一著名景观展现在我们面前。

在燕园的西北角，矗立着一座党校院内最大的亭子——六合亭。该亭原在北京隆福寺内，隆福寺始建于明景泰三年（1452年），寺内的这一碑亭，顶瓦为黑琉璃瓦，绿琉璃瓦做房脊镶边，亭顶为重檐六角尖顶，檐角均带风铃。相传明景帝时，隆福寺香火缭绕，佛事频频，是京城盛景之一。但景泰八年发生了"夺门之变"，英宗复位，景帝被废，隆福寺从此衰落。至清雍正元年，又斥巨资重修，光绪二十七年（1901年）隆福寺山门被烧，逐渐荒芜。1960年在北京西郊筹建中央党校时，经批准将西碑亭移置党校院内，即现在的"六合亭"。历经多年的修葺，今天的六合亭早已焕然一新，亭子上方覆盖着绿色琉璃瓦，重檐六角的尖顶上各自镶嵌着六个一字排开的和平鸽，每一个都造型独特，流畅自如，它们昂首站立，遥望远方，像是即刻就要振翅高飞的样子。亭下顶部的装饰彩绘，鲜明亮丽；朱红枋柱，玲珑精巧，展露出明清时代富丽堂皇的皇家气象。

在六合亭朝东的两大亭柱上悬挂着一副楹联："诗思夜深无厌

○── 北校区燕园六合亭

苦，画名年老不嫌低。"此乃齐白石老人的篆书七言联，亦是齐白石的自况之语。本意是：深夜凝思作诗，虽然极其艰苦，但书者乐此不疲；虽然年老而无名，以卖画谋生，但不惧卑微。面对此联，我们这些以读书、教书、写书为业的三书先生，时常去思考自己的职业追求。有人讲，一个人面对自己职业的态度有三重境界：一是把它视作养家糊口的差事，尽职尽责地干好；二是把它看成一项伟大的人生事业，力求出类拔萃；三是把它当成上苍赋予自己的人生使命，如陶行知所言："人生天地间，各自有禀赋，为一大事来，做一大事去。"自己属于哪种境界？思来想去，似乎各有所是，又无所归属。但回眸凝望，还是非常服膺齐白石先生"不惧卑微，乐此不疲"的职业境界与人生追求。因为一个人只要挺立起自己的道德人格，面对工作忠于职责，奋发向上；面对生活，不苟且，不懒惰，终其一生，能够完成上苍赋予自己的各种使命，当他离开这个世界时，必定会心满意足。

# 一路繁花秀楚园

北校区楚园石刻

在城市水泥丛林中生活日久的现代人，对田园风光有着莫名的期冀与向往。每个人所憧憬的乡野景色各不相同，要么"千里横黛色，数峰出云间"；要么"迟日江山丽，春风花草香"。抑或曲径通幽、柳暗花明，小桥流水、瓜果飘香，凡此种种，不一而足。在其所希冀的各类景色背后，隐匿着人们渴望洗尽铅华、回归自然的"简纯"之感。中央党校的教职工也有自己的田园梦想，校园大礼堂西侧的楚园风情无疑位列其中。

楚园在1982年由湖北省园林局资助建设，现有"楚园春"石刻立于园中。在这座4000多平方米精巧典雅的园林中，种植的绿化观赏植物有40多种，有松树、斑竹、白玉兰、碧桃、海棠、银杏等，还建有小型梅花状花坛和扇形花台。在楚园的石板小路上，用有色卵石和瓷片镶嵌着很多精美诗句，诸如"黄鹤西楼月，长江万里情""松竹有本性，校园无俗情"等。春季到来，这里群芳斗艳、鸟语花香，把人们带入大自然的纯朴意境之中。

楚园中最让人们钟情的景物当属用水泥石架搭成的宽长甬道，一簇簇粗细不等的紫藤攀缘交织在灰色水泥架上，错落有致。每当春夏季节，人们逗留其中"小园香径独徘徊"，抑或坐在紫藤架下"今朝放荡思无涯"，此刻微风挟着丝丝凉意拂面而来，让人充满无尽的惬意。特别是紫藤花盛开的季节，放眼望去，一幅"藤花紫蒙茸，藤叶青扶疏"的靓丽景色入目而来。一串串紫藤花绽放在小小的枝蔓上，悬系在空中随风飘舞，每串紫藤花约有二三十朵小花，每朵小花约一厘米，褐紫色的花萼罩着每朵小花，每一个花瓣都呈

林 / 中 / 路 / 向 / 澄 / 明 / 心

现为三瓣心状样态，最外一瓣为浅紫色，里面的两瓣为纯紫色，三瓣花彼此相拥着半抱着，而最里层的花瓣包着弯曲的花蕊，迷人的花香从花蕊中飘逸而出，吸引来无数嗡嗡作响、忙碌不停的小蜜蜂。晨起的朝阳透过密疏不均的枝蔓散射给花瓣一缕缕斑驳的光，每朵紫色小花犹如慵懒的女子，沉睡在清晨醉美的柔和细光之中。紫藤花的最大特色是她那高贵典雅、华而不俗的紫色，紫色秉承了红的激越与蓝的平静，靓丽而不妖冶，演奏出了一曲欢快与含蓄、高贵与神秘的乐章。

——— 北校区楚园甬道紫藤

楚园里汇集了较多的松树，包括雪松、油松、白皮松等。巍峨挺拔的雪松昂扬向上，油绿的松枝犹如张开的双臂，从底层平直铺展开来，树枝的长度由下往上层层递减，呈现出宝塔状，雪松的针叶密生而有层云簇拥之势。尤其是在百花凋零、万物萧疏的隆冬，它依旧郁郁葱葱，苍翠如故。在寒冷冰冻的雪天里，雪花纷纷扬扬地飘落下来，更是彰显出"大雪压青松，青松挺且直"的浩然之势。每当呼啸的寒风吹来，它傲然屹立，不时发出汹涌澎湃的阵阵涛声，正所谓"风入松林万树涛，松头鸣鹤起江皋"。与伟岸傲立的雪松相比，楚园里的油松则是另一番景象，它虽然也是四季常青，但却形态各异：有的平顶如伞；有的弯曲下垂；有的斜指蓝天。尤其是它枝如铁，干如钢，其外皮犹如刀凿一般，生长出万千鳞块，显得倔强苍劲，油松是众多植物中生命周期漫长且最坚强不屈的一种。古人云："岁不寒，无以知松柏；事不难，无以知君子。"在标识"岁寒三友"的松竹梅中，松树之所以居于首位，正是由于松树被人赋予了铁骨冰心般的贞洁品质，傲雪斗霜的顽强生命力，坚韧不拔和用心历练的美德，从而赢得了古今之人的广泛赞誉，使人们对其产生崇高而神圣的敬意。

楚园中有两棵肩并肩并排生长的高大水杉，尤为引人注目。每当春暖花开的季节，这两棵水杉就用自己积蓄了一个冬天的力量，在极短的时间内，吐露出娇嫩欲滴的绿叶，那一片片新叶犹如轻柔的羽毛，在微风吹拂中翩翩舞动，使整个楚园荡涤出无限的生机与希望。水杉最大的特点是，它的枝干雄健伟岸，其表皮虽褐色粗糙，但却壮实挺直。与其他树种相比，它始终保持一种直指云天的昂扬态势，在任何一片丛林中，只要有水杉这一树种存在，它一定是最为高大和无与伦比的。之所以如此，是因为它为了追光向阳，总是保持着奋发向上的姿态，尽管它那滴翠繁茂的枝叶层层叠叠，然而，它的枝条并不粗壮，更不旁逸斜出，而是紧紧围绕在主干周围形成锥形，将自己光合后的全部养分集中无私地输送到主干之上，正是这一独特生长习性，保证了它在任何丛林中总是处于超拔卓特的有利位置，犹如一位无欲则刚的壮士，义无反顾地用生命彰显着自己的坚定信心和无穷力量，诠释着它聚焦主业并一心向上的团结性和凝聚力。

  每次徜徉楚园之中，我总是不由自主地抬头仰视园内所有树木中这两棵最高的水杉树，不禁对其卓拔云天的生命特质浮想联翩。通常人在年轻之时，总感觉时间无限，似乎自己干任何事业皆可成功，不知不觉中在很多无关紧要的事情上浪费掉诸多时光。但到了一定年龄你会意识到，其实人一生的时间非常短暂，比打赢所有战斗更重要的是选择正确的战场，亦即什么是你真心希望的？什么对你是至关重要的？什么是需要你倾尽全力去做的？一个人只有心无旁骛长时间地聚焦和专注一件事，乃至放弃常人渴望的娱乐，抛弃内心向往的虚荣，丢弃各种无必要的享受，并在这个过程中忍受不被他人理解的孤独。唯其如此，才能真正练就一个人坚强无比的耐性和深度思考的能力，从而达到人生的至真至纯境界，最终成就自己所心仪的事业。从这种意义上讲，吃苦的精神本质是收敛自己人性深处的各种欲望,强化自身的自制能力和自律品格。质言之,所谓吃苦同各种物质条件的好坏关系不大,而是和一个人成长中的精神状态密不可分。

## 紧偎书香身有余香

对于任何一个读书人来说，拥有一间自己的书房，当是长在心里的永恒念想。在书房内用书装满书柜、用画点缀墙面、用几盆美丽的植物彰显生命的欣荣。坐拥一张宽阔的书桌，一方小小的竹几和几把舒适的藤椅，让馥郁的清茶或醇香的咖啡弥漫其间，面对一窗倾泻的暖阳，或静读经典与古今圣贤神交，或奋笔疾书一抒胸臆，也许这就是古人所说的"心静茶味香，书浓人品逸"吧。书房不仅是读书人的心灵洞窟，更是其装下世间万千的安居之所。每位读书人的渴望通常也是一所读书人汇聚的学校的理想。因为学校与机关、企业的本质区别在于，它不是政治权威和资本权威所在地，而是知识、思想和文化权威所在地，这就决定了读书听课、思想交流是学校生活的主旋律，同时也决定了书香校园之于学校建设的重要价值与意义。清华、北大及各类高校如此，身处京郊西北的中央党校亦复如是。中央党校图书馆的阅览室、掠燕湖边的二味书屋、留筠馆内的学员茶社等，到处都有教职工和广大学

北校区大有书局

# 林/中/路/向/澄/明/心

员读书交流的身影,但校园内我最为心仪之所当是中央党校的大有书局。

大有书局坐落于中央党校主楼西配楼的西端,由一座二层书楼和楼后的玻璃长廊构成,总面积约1000多平方米。银杏树、松柏树和一片茂密的竹林环绕四周,特别是秋季来临时,书楼周边被秋霜秋风亲吻过的银杏叶一片金黄,与碧绿的竹林和坚贞的松柏交相辉映。远远望去,玻璃长廊内的读者或各自坐在藤椅上翻阅着自己心仪的书籍,或三三两两一桌围坐在长廊内红色沙发上低声交谈,一幅"四野无声,廊厅有客,抵足谈心,时光共度"的清心画面入目而来,给人以"竹径通幽处,禅房花木深"的静谧之感。每次到大有书局翻阅新书,抑或邀好友品茗小聚,总使我想起著名作家吉

⟶ 北校区大有书局读书长廊

井忍说过的话："书店给人的心理上的面积，比实际上的面积大很多。每一本书拥有自己的世界，书店则是所有这些世界的入口。"

我时常在想，为何众多党校教工和学员经常到大有书局浏览新书？也许有三重理由。一是知识本身的迭代更新。据国际权威机构研究，近现代以来人类的知识一直在以几何基数增长，但每人所学知识都存在一个半衰期，每隔5年—10年，原有知识会有50%被淘汰，这就决定了任何国家的大中小学教育，都无法满足现实和未来工作的需要，必须依靠终身学习来完成。二是职业岗位的迅速流变。科技进步正在使人类的职业结构更加多样化，每个人一生中都可能经历多个职业岗位的变动，急需通过学习来更新自己的知识，以满足工作变动的需要。三是知识汲取能力的不断衰减。人在年轻时的知识汲取能力最强，成人之后学习能力和学习兴趣会逐步下降，更多地依靠顽强的毅力来不断补充知识，才能跟上时代前进的步伐。除此之外，对于来中央党校学习的高中级干部来讲，其职务越高，分管的工作就越多，不熟悉的知识就越多，就更加需要加倍地去努力学习，只有在学习中才能不断走向强大，这也是中国共产党人事业成功的秘诀所在。

当然，党校教工和广大学员提高学习阅读能力的目的，除满足上述工具理性的要求之外，还蕴含着更高的价值理性追求，这就是提升自己的党性锻炼水平和迈向更高的人生境界。因为无论是为了驱赶内心深处的迷茫，还是对抗日常生活的平庸，读书都是最简单也最实用的方法。每个人的成长从来都是从内到外不断变化并羽化成蝶的过程，阅读和学习犹如一场又一场奇妙的旅行，总能带给我们更加丰富的体验。一名干部无论职务多高，只要不读书就是一介俗吏，读书犹如吃药，善读者必可治愚。每天只要给自己留出一点时间，静下心来，沉浸书海，暂忘尘世，你读过的书就会变成你成长的动力和养分，一点一滴地滋养你、丰富你、改变你、完善你，悄悄地帮你抹去脸上的肤浅与内心的无知，让你能够永远保持清醒的头脑，去正确看待自己的人生和变幻的世界，正所谓："一步一脚印，一书一台阶。"

虽然读书之于工作和人生的重要价值不言而喻，但就来中央党校学习的高中级干部而言，要真正养成"爱读书、读好书、善读书"的习惯绝非易事，这需要每一个人下大力气与自己的心魔做斗争。由于很多领导干部手握重权，极易受到上下左右及社会上动机不良者的围猎，尽管围猎手段不乏各种奇技淫巧，但其本质内容都是一样的，即顺应和放大领导干部的自然本性，违背或压低其社会属性，将其拉入生命本然的舒适状态，诸如食色享受、物欲膨胀、追名逐利等。倘若一个人的终极价值开始完全依赖于外物而获得，其心灵的宁静将会变为一种奢侈。从这种意义上讲，读书学习是一种让自我超越舒适区，进入非舒适区，进而达至拼搏奋进状态的高级精神活动。一个人只有具备"宁可三餐无肉，不可一日无书"的求知若渴精神，并形成自己持之以恒的阅读嗜好，才能最终摆脱各种物欲的羁绊，从至高无上的精神畅游中获得内心的无上愉悦。

要获得这种纯静而高尚的精神享受，还需要领导干部处理好阅

○—— 北校区大有书局图书石雕

读经典文献与刷屏鸡汤网文的关系。因为真正的阅读从来不是"咖啡＋轻音乐"的所谓"悦读",而是与历史上的伟大灵魂交流,将他们创造的精神财富占为己有,这需要你走入古今中外人文经典的圣殿,将自己置入澄明的心境之中,通过艰苦乃至孤独但却充满乐趣的深度静览,来倾听古今圣贤的嘉言隽语,通过与古今中外思想大师的深度思想交流,潜入人类历史的伟大精神文脉之中,将自己的思想活动扎根于人类精神生活的至深土壤,找到最适合自己的精神食粮,经过分析、整理、批判,逐步形成自己的思路与想法,在此基础上涵养正气,萃取精华,抽根发芽,最终长出自己思想世界的参天大树。与之相反,如果一个领导干部整天醉心于网上八卦、聊天游戏和心灵鸡汤类文章,热衷于浅性阅读快餐式著作,最终只能变成一个名副其实的网虫,堕落为一个毫无思想力量的泯然"大众"。因为当今社会的众多网络自媒体,只有迎合大众的文化消费才能生存下去,它必须以信息传播的新颖与快捷为手段,方能吸引无数网粉,从而通过流量变现为可观的经济效益,它无暇顾及文化积淀与思想深度。如果你的精神世界还不够强健,没有丝毫的戒备之心,无法搞清"真知识"与"毒鸡汤"的区别,整天在其诱惑下,一窝蜂地从众阅读不断推出的时髦书籍或视频,你的精神生活注定只能走向贫乏而空虚的文化荒原。

  此外,对领导干部而言,读书学习的目的除了增长知识才干和升华人生境界,更为根本的问题是将读书得来的知识,不断地落实到自己的本职工作中。如果你读过的书不用,你就是一个移动的书架或书袋。明代大思想家王阳明在其《传习录》中曾经说过:"知者行之始,行者知之成。圣学只一个功夫,知、行不可分作两事。"他还说:"知之真切笃实处即是行;行之明觉精察处即是知,知行工夫,本不可离。"国学大师钱穆这样评价王阳明:"阳明讲学,偏重实行,事上磨炼,是其著精神处。讲王学的人,自然不可不深切注意于阳明一生的事业。"可见,领导干部如果忽略了工作实践的维度,读书学习将成为空无意义的纸上谈兵。质言之,不读书不知道路在何方,不行路不明白书中涵义,走过的路和读过的书本质上是一样的,只有经历了才会成为你的阅历,最终化作你宝贵的人生财富。

总之,一个人读书学习的过程就是战胜和超越自我的过程,老子讲:"知人者智,自知者明。胜人者有力,自胜者强。"意思是说,能了解别人的人称为机智,能认识自己的人才叫智慧。同理,能战胜别人的人,只能说明这个人有能力,而只有那些能战胜自己的人,才可以称作强者。读书学习就是强者不断战胜和超越自我的重要途径之一,因为一个人的知识厚度决定着他的人生高度,一个人的思想深度决定着他的胸襟宽度,一个人的内心格局决定着他的人生格局。正所谓:"紧偎书香身有余香"。一言以蔽之,"数百年旧家无非积德,第一件好事还是读书。"这是中国著名出版家张元济先生撰写的一副楹联,它就悬挂在中央党校大有书局的门口。

# 运动世界的精神之光

只要有学校的地方必然有与其配套的体育设施，因为体育与智力开发、德行培育、健美身体之间存在着辅车相依的内在关联。中央党校体育馆坐落于中央党校北校区的方舟湖畔，建成于2004年8月，是中央党校迈入21世纪的标志性建筑之一。体育馆的四周除了"闲云潭影日悠悠"的方舟湖，还环绕着茂密的银杏、梧桐、圆柏、红枫、刺槐、白皮松、金枝国槐等众多树种，随着春夏秋冬四季更替，这里可谓"季季皆有美景，样样可作画题"。在草长莺飞的春天，周边姹紫嫣红，百花芳菲；到了骄阳似火的夏季，这里又变得绿树成荫，鸟语蝉鸣；而在天高云淡的秋季，则是金风送爽，层林尽染；特别是在瑞雪纷飞的冬季，这里呈现出玉树银花、银装素裹、清绝淡雅的宁静画面，给人以天辽地阔的渺茫之感。

中央党校体育馆的外观造型简洁明快，自南向北似飞翼升起，通过共享大厅和皇冠形篮球馆有机地结合在一起。屋顶造型是三个连续拱形檐口，一层高过一层，象征着腾飞与向上，犹如大海波涛，汹涌澎湃。南侧由连廊衔接的观光塔，塔高28米，恰似一面高高竖起、鼓荡飘扬的壮美风帆，将观光塔和屋顶层层递进的拱形檐口连接在一起，远远望去，给人以大海航行时"风帆千尺鲸波间"的乘风破浪之感。体育馆内建有乒乓球馆、网球馆、多功能馆、壁球馆、体操馆、游泳馆、棋牌室等多个健身场馆，成为广大学工人员最为喜爱的强身健体之所。

乒乓球馆是学工人员参与度最高的场馆之一，作为"国球"的乒乓球是一种高速度、高对抗的隔网比赛项目，对于每个人都有很

北校区体育馆

大的吸引力，人们在这里通过单打、双打项目的锻炼，在削球、扣球、旋转球、弧线球、上旋、下旋等各种技术变换中，频繁变线，声东击西，实现体能、技能、智能水平的综合提高。网球馆内则是球员们在快速奔跑中击球、扣球的身影，人们在挥拍、转腰、移动中，实现颈部、肩部、胸部、背部、腿部的综合运动，从中摆脱疲劳、困扰、压抑和束缚，实现身心的自由全面解放。在上述各个场馆中，我所最爱的当属游泳馆，游泳是我30多年来从未间断的体育爱好。在我看来，游泳是一种集阳光浴、空气浴、冷水浴于一体的全身性锻炼方式。人在游泳时消耗的能量远大于陆上运动，当

然，水中能量的消耗与泳池内的水温、水中运动的时间和方式密切相关。蛙泳是我使用最多的泳姿，包括平航式、高拉式、波浪式，由于蛙泳时手腿移动都在水面之下进行，需要一次打腿二次加速，腿部的打腿动作又分为下打和上打两个阶段，它虽然简单易学，但动作技术要求高，四肢配合是关键。仰泳则要求身体平卧水面之上，头和身体保持在一条线上，下颚靠近胸部，由于头的位置比较低，在游进的时候必须控制好方向，快游时尤其要靠近泳道的一边来游。自由泳则有直臂与曲臂之分，涉及划频、划幅、游速等多项指标，其中直臂自由泳更容易上手，具有高划频低划幅的特点，而

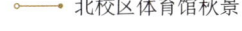
北校区体育馆秋景

屈臂自由泳则更多是低划频高划幅的特点。相比之下，蝶泳的技术要求最高，其力量主要集中于躯干、腿及臂三个部分，动作连贯快、节奏感强，身体位置要高平，两次打腿的用力必须均匀，划手的"S"形动作要清晰明快，真正良好的蝶泳动作会给人以轻松、自然、流畅之感。

很多人只是把各种体育锻炼视作强身健体的方式之一，但实际上人类各种体育运动还包含着更为深层的人生哲学意涵。就个人而言，它关涉一个人自主与自律的辩证统一。卢梭说："人是生而自由的，但却无所不在枷锁之中。"而体育活动从来都是人们自主选择的游戏行为，人们可以自主设置游戏的地点和时间，商议和制定各种游戏规则，平等地参与各类竞技比赛，并通过神圣的仪式赋予其特别的意义。与此同时，体育活动还对人的自律性提出了很高的要求，因为一个人在长期从事一项运动时，必须具备坚韧不拔的顽强意志，能够高度热爱和享受自己选择的运动，不能随一时之兴浅尝辄止。在运动过程中，又要学会严格遵守游戏规则，特别是在多人参与的竞争游戏中，必须具有良好的团队协作精神。只有做到了自主与自律的高度统一，才能在尽情展现自我的同时，闪耀出人性的光辉，获得潜能涌现时人与万物自如一体的高峰体验感。

就国家而言，体育运动还蕴含着激励一个民族或国家拼搏进取的奋斗精神。早在1917年，毛泽东面对国家羸弱和人民病痛的局面，就喊出了"文明其精神、野蛮其体魄"的时代强音。新中国成立之后，他又为中华全国体育总会题词："发展体育运动，增强人

北校区体育馆前《圣火接力》雕塑

民体质",由之,这句话成为新中国体育发展的指导方针。时至今日,我国广大体育工作者在长期实践中总结出"为国争光、无私奉献、科学求实、遵纪守法、团结协作、顽强拼搏"为主要内容的中华体育精神。可以说,一个国家如果没有体育精神,就无法在世界体育发展中占有一席之地。新中国成立70多年来,我国一代又一代体育健儿为了祖国荣誉,追求卓越,突破自我,用豪情挥洒梦想,靠拼搏写下荣光。他们身上所彰显出来的团结奋斗精神,已经成为中华民族伟大复兴道路上的重要精神财富之一,正在激励着各行各业的人们为了梦想去挥洒汗水,拼搏奋斗。

就人类而言,体育运动闪烁出以奥林匹克精神为代表的伟大世界精神。《奥林匹克宪章》赋予奥林匹克精神的内容是"相互理解、友谊长久、团结一致和公平竞争",这种精神今天已经成为全人类的一种共同愿望和共同期待。与此宗旨相适应,国际奥委会将奥林匹克格言定为"更快、更高、更强、更团结"。德国美学家席勒把奥林匹克竞赛比作不需要流血的展现人的力量、速度和灵巧的比赛,而且是更高尚的智力竞赛,由此说出了那句名言:"只有当人是完整意义上的人时,他才游戏;而只有当人在游戏时,他才是完整的人。"而自强不息,厚德载物,在尊重对手、尊重裁判、尊重观众、遵守规则中,战胜自我,超越自我,胜不骄、败不馁,以良好的赛风赛纪和文明礼仪充分展示中国的良好形象,则构成了历届中国体育健儿对奥林匹克精神的最好诠释。

在中央党校体育馆的门前矗立着著名雕塑家曾成钢先生的一尊

作品《圣火接力》，它用虚实结合的对比和极具动感的形象，使古今两个跃动的身姿尽显张力，高度凝聚了古希腊运动员与现代运动员接力火种时的刹那动势，充分展现出奥林匹克运动所代表的丰富性精神内涵。这尊雕塑时刻都在提示着来这里运动的每位党校教职工和学员，向着"更快、更高、更强、更团结"迈进！

## 方舟湖畔的生命律动

方舟湖位于中央党校北校区的东北部，与校园内西北一隅的掠燕湖遥相对应。湖的四周种植了梧桐、垂柳、银杏、樱花、小叶黄杨等多种植物。伴随春夏秋冬的四季变换，方舟湖的景色也在经历着由桃红柳绿、枝繁叶茂到暗香疏影、瑞雪纷飞的循环更替。其中，方舟湖的秋景最为浪漫，各类植物的叶子由绿变黄，进而变红，特别是五彩缤纷的叶子交织在一起时，不时有片片落叶飘洒在空中，旋转、飞舞、回荡，轻轻地落在行人的身旁，人行走在湖边仿佛进入梦境一般。然而，要感受这"物换星移几度秋"的醉人美景，必须具备"闲云潭影日悠悠"的从容心态，如林清玄所言，"浪漫"就是浪费时间慢慢地散步，慢慢地吃饭，慢慢地相爱，慢慢地变老。

在方舟湖的中心地带有一座连接南北两岸的月牙形木桥，在月牙桥的不远处浇筑了一座装饰过的水泥平台，平台上斜立着一个直指苍穹的钢架结构物，其上通过几条钢索与月牙桥相链接，以使桥梁更加牢固稳定。由于月牙桥的桥面由木板拼砌而成，木板热胀冷缩，秋冬季节走在桥上，木板不断发出咯吱、咯吱的响声，周末来校园玩耍的孩子们总是喜欢在桥上跑上跑下，以便倾听那充满节奏的动人声响。近些年在钢架结构物和每条钢索上装饰了霓虹彩灯，每当夜幕降临时，彩灯依次闪烁出赤、橙、黄、绿、青、蓝、紫的多彩光束，引发无数路人注目。尤其是深夜时分，皎洁的月光洒落到斑驳的校园小路上，人们行走在这寂静的园子里，从远处眺望这闪烁的七彩灯光，总有一股轻携幸福、拥心共舞、如漫云端的梦幻般暖意涌进心田。

在天高云淡、金风玉露的秋日里，人们驻足桥上，静观湖中景物，会被或远或近的一对对黑天鹅所吸引，它们不仅黑毛浮绿

→ 北校区方舟湖秋景

林 / 中 / 路 / 向 / 澄 / 明 / 心

北校区方舟湖夜景

水，时常也曲项向天歌。其黑掌荡漾出的缕缕水波推起阵阵涟漪缓缓地移向远方。再仔细俯瞰湖中穿梭往来的各色锦鲤，不禁让人想起《庄子·秋水篇》中的"濠梁之辩"。据载庄子与惠子游于濠梁之上，庄子曰："鲦鱼出游从容，是鱼之乐也。"惠子曰："子非鱼，安知鱼之乐？"庄子曰："子非我，安知我不知鱼之乐？"惠子曰："我非子，固不知子矣；子固非鱼也，子之不知鱼之乐，全矣！"庄子曰："请循其本。惠子曰'汝安知鱼乐'云者，既已知吾知之而问我，我知之濠上也。"针对这段著名论辩，很多人总是从推理悖论的角度予以形式逻辑层面的解读。然而，从生命美学的视角看，庄子实际上是在用隐喻的方式表达其以道观物，物各适其性的审美境界，这是他自己道心之乐向鱼身之乐的心理投射，同时也是在描写人与人之间交往、理解、沟通的重要性。质言之，它以事物存在方式及存在形态的转换为指向，通过交往、共处的对话达至彼此之间相互理解的不断加深。

　　沿着湖边的林间小路行至方舟湖的东北角，一片由数百棵银杏和雪松构成的开阔林带展现在人们眼前，教工和学员都把这片林子称作"银杏林"。在秋季里，大雁南飞，秋风送爽，这里的银杏树开始奏响一年之中最华丽的乐章。每片叶子由深绿变为浅绿，进而浅黄，再由浅黄变为灿烂的金黄。从林子的边缘向里望去，犹如天边升起的金色霞光，它们同树林里的雪松交织在一起，形成一道"碧绿与金黄共存，湖水共长天一色"的壮美景观。到了深秋季节，银杏叶像漫天飞舞的金蝴蝶迎风飘落，由星星点点到纷纷扬扬，最

○—— 北校区方舟湖银杏林

后在林中大地上铺设出"冲天香阵透校园,满地尽是黄金甲"的奇特景象。有人云:"落叶,就是精灵越过冬天的遥远,寄往春天里的一封信函。"再思之,无论鹰击长空,还是鱼翔浅底,世间万物终归要回归大地母亲的怀抱。唐代诗人孔绍安也许正是心悟于兹,在其《落叶》一诗中言:"早秋惊落叶,飘零似客心。翻飞未肯下,犹言惜故林。"

在方舟湖的西北部是中央党校的室外小操场。如果说湖中的鱼鹅、岸边的植物,时刻都在经历着自然界春夏秋冬的生命律动,那么从湖边小操场里不断出入的运动健将则彰显出人类世界的生命律动。小操场由羽毛球场、篮球场和健身器械场三块场地构成。在风和日丽的日子里，在羽毛球场上经常看到教职工或学员们的矫健身手，羽毛球在空中划出优美的弧线，球员们时而大开大合，宛如雄鹰搏空；时而刚中带柔，似是江南小雨。篮球场上更为热闹，傍晚时刻，夕阳西下，经常有球友们拉开架势展开球艺比赛。双方运动员个个生龙活虎，发球、运球、传球、断球、拼抢，争夺激烈。有的左拐右突，有的凌空而跃，有的转身投篮，在篮球场上生发出一幅你争我抢的画面。最为引人注目的地方当属健身器械场地，很多年轻父母经常把从幼儿园接回来的孩子带到这里玩耍，特别是周六或周日的傍晚时分，这里更是孩子们的快乐天堂。有的在玩跷跷板，有的在玩单双杠，有的在玩梅花桩……孩子们聚在一起，叽叽喳喳，大呼小叫，欢声笑语。家长们汇拢在一块儿，一边照看着孩子，一边交流着工作和生活经验。校内的这一小小操场成为大家快乐无比的聚集地，也许这就是生命世界的本真面相。因为人除了追求高尚的精神生活，更需要在运动中把握真实的生命存在，要在一呼一吸中感知生命的脉搏，在一蹦一跳间察验生命的律动，在一喊一叫中体悟生命的乐章，正所谓"天地为炉兮，造化为工；阴阳为炭兮，万物为铜""天行健，君子以自强不息；地势坤，君子以厚德载物"。

## 水木园里槐香飘

水既是万物生长之母，也是成就人类各种文明的始基性因素。故《道德经》言："上善若水，水善利万物而不争。"中华文明得益于黄河之水，印度文明受惠于恒河之水，巴比伦文明生成于幼发拉底河与底格里斯河之水，埃及文明源自尼罗河之水，古希腊和古罗马文明更是氤氲化润于地中海之水。由于水具有如此伟大神奇的生命与文明造化功能，这就决定了人类只能与水毗邻而居，生活于江河湖海之滨，方可大化流行，生生不息。由之，世界各地的著名人文景观皆与水密不可分，静水、流水、落水更是自古至今中国园林设计的基本要素，楼观舟桥、佳风胜景、田野村居皆隐于山水之中。中央党校的水木园就处于北校区东部水域的中心地带，它是一湖外方内圆抑或方圆融合的美丽景观，碧水云天，波光潋滟，草长莺飞，生机盎然。湖的南部通过一处平台水景与濯莲池相接，湖的北部通过一条林间溪流与方舟湖毗连，成为中央党校教职工心仪的休闲胜地之一。

北校区水木园石刻

在水木园四周，各种嘉卉依湖而生，绿茵葱茏，花木芬芳。迎春花纤枝婆娑，点点金黄；毛竹苍翠茂盛，高耸挺拔；碧桃姹紫嫣红，宛如朝霞；玉兰花晶莹夺目，皎洁无瑕；小叶紫薇花团锦簇，热烈奔放。近些年，园林部门又在湖边种植了不少中华金叶榆，它树冠丰满，造型独特，初春时节，绽放出无数娇黄的叶芽，胜似蜡梅；夏日将至，叶片变得金黄灿烂，格外醒目；秋高气爽时，它的叶片由黄变绿，黄绿相衬。金叶榆伴随季节变换呈现出色彩各异的生命特质，给湖边行人带来无数的诧异与惊喜。

在水木园周边所有植物中，让我印象最深的物种当属湖边东北角上的10多棵国槐。相传新中国成立后中央党校征用大有庄土地进行校园建设之前，这里的槐树就已存在，估计每棵树龄已近百年。每年农历4月末或公历5月初，当我们看过了湖边迎春花、桃花、小叶紫薇、中华金叶榆的争奇斗艳之后，此时，槐花来了，静悄悄地袭一身素雅，爬上枝头，一朵朵、一串串、一簇簇，在一片片嫩绿的叶子中缓缓绽放。槐树的花朵很特别，还未开放时扁扁的，像一串串白色的葡萄挂在树上，浅黄色的花蕊很不起眼地点缀在里面。待其盛开之时，仔细闻，满树氤氲缭绕的花香，甘甜淡雅，沁人心脾。槐香虽不如丁香那般浓郁，却给人以温馨舒爽之感，直透人的心田，令无数路人陶醉其中。盛开之后的槐花，间或有几朵雪白的花瓣，经不住风儿的诱惑，轻扬洒落。此时，如有春雨和阵风作伴，槐花会像漫天飞雪一样，纷纷扬扬，飘落下来，在大地之上积淀起厚厚的雪白花毯，让路过的行人不忍踩踏。正所谓："槐林五月漾琼花，郁郁芬芳醉万家。潭水碧波飘落处，浮香一路到天涯。"

在这"谢尽芳菲四月中，忽来清气透帘笼。寻香看取邻家树，照眼繁华流雪风"的时节，我经常闲来散步至水木园中，站在湖东北部连接溪流两岸的"之"字形木制曲桥上，久久仰视一棵棵参天古槐上的满树银花，看着忙碌不停的蜜蜂在花蕊中飞来飞去，幻想着槐花蜜的甘甜清冽。再慢慢俯视桥下五颜六色、成群出没的锦鲤，发现它们总是通过追逐空中旋转飘落的槐花，彼此嬉戏，欢蹦

北校区水木园秋景

乱跳。抢先吞下一叶花片的大锦鲤，旋即摇着尾巴惬意地潜入水中，扬长而去。

近山拟志，临水思长。凝视此情此景，我不免想起20世纪70年代，在冀中老家的生活情景。那时食物匮乏，每年春季槐花盛开时，一树槐花就是每户农家重要的蔬菜来源。很多家庭用槐花制作出槐花糕、槐花饼、槐花粥等，我自己的最爱则是将辣椒、蒜瓣、花椒热火过油后炒制而成的槐花菜，既制作简单，又香甜可口，无论与任何主食搭配，都能脍炙人口。改革开放后，人们的生活水平日渐提高，鸡鸭鱼肉成了家乡人日常生活的硬菜，槐花菜则被日渐边缘化。但近些年盛传它具有降血脂、稳血压的功效，于是，一道短缺经济时代的大众菜肴，经过现代厨艺的精细加工，又成为时下豪华酒店饭桌上受人追捧的高档食品，颇有"朝为田舍郎，暮登天子堂"的味道。

人间至味是童年，寻思着儿时味蕾中留下的难忘槐香，我不免思绪万千，特别是联想到学界时下讨论的"乡愁"以及日渐兴盛的"寻根"文学。很多人说乡愁就是离家生病时的想念家人，承受生活压力时的梦回故里，夜幕降临时的星指家乡，抑或"仗剑走天涯"的梦想无法实现时的沮丧与无奈。但在我看来，乡愁不仅指涉一个人少年时代的生活空间，更是关联着一段永远消失的生命时间。由于少年时光总是充满无数的依恋与幻想，而它又永不再来，人们远走他乡之后，又拒绝改变早已湮灭的少年世界，不断力图在一个曾经钟爱的地方展现早已远逝的理想。也许正是这种隐藏在内心深处

◦—— 北校区水木园春景

的无限期冀,成为缕缕乡愁和寻根冲动得以生成的重要心理根源。

王国维说:"最是人间留不住,朱颜辞镜花辞树。"既然我们明知人间的朱颜花容难以留住,那么如何才能化解这"抽刀断水水更流"的绵绵乡愁与寻根冲动呢?我认为,其根本出路是不再把童年的家乡理想化,不再去追寻早已消失的人与物,努力走出心理重建的梦魇,学会从逝去的东西中转过身来。因为童年再好却无法折返,现实再烦你仍需直面,与其留恋无法更改的定局,不如拓展未来人生的格局。从这种意义上讲,无论行至哪块大陆,生活在哪座城市,从事哪种职业,收获哪种爱情,都能再次找到生命诞生与复活的家乡，如苏轼所言"此心安处是吾乡"。质言之，乡愁和寻根所怀抱的欲望，与其说是一成不变的过往与永恒，不如说是"苟日新，日日新"的未来与希望。一如水之奔流不息之心，坚信"物之窒我者终将有尽"，励志前行，终必胜之。

## 濯莲池畔的夏日奏鸣曲

在中央党校校园内,莲花属于较少见到的稀有物种,它们主要被种植在北校区一至四教室北侧的濯莲池内。池塘旁"濯莲池"三字的石刻由著名学者、楚辞研究家文怀沙所题。它源于宋代周敦颐的《爱莲说》:"予独爱莲之出淤泥而不染,濯清涟而不妖,中通外直,不蔓不枝,香远益清,亭亭净植,可远观而不可亵玩焉。"在《爱莲说》中,周敦颐还对菊花、牡丹、莲花三者的喻指进行了比较:"予谓菊,花之隐逸者也;牡丹,花之富贵者也;莲,花之

○—— 北校区濯莲池石刻

林 / 中 / 路 / 向 / 澄 / 明 / 心

北校区濯莲池莲花

君子者也。"

要品鉴濯莲池内莲花的君子特质，还需要我们先来了解莲花的植物品性。据《中国植物志》记载，莲花，又名荷花。《诗经》中称"菡萏"；《尔雅》中称"芙蕖"；《古今注》中称"芙蓉"。属多年生水生草本植物，自生或栽培在池塘或水田内，根状茎（藕）作蔬菜或提制淀粉（藕粉），种子供食用，叶、叶柄、花托、花、雄蕊、果实等均作药用，藕节、荷叶、荷梗、莲房、莲子都富有鞣质，可作收敛止血药。

中央党校濯莲池内种植的莲花，虽没有杭州西湖中"接天莲叶无穷碧，映日荷花别样红"的壮观气势；也没有隔壁颐和园昆明湖泛舟听水、转山赏荷的旖旎风光，但它却有自己小池碧玉的卓特之处。每年的夏天，满池的荷叶像一把又一把撑开的翡翠雨伞，有的铺散在水面上，托着晶莹透亮的水珠，在叶片上滚来滚去；有的高高伫立枝头，像一把扇子，随风摇曳。从荷叶的缝隙中能够看到，一根又一根满身带刺的荷梗昂首挺立，支撑着大小不一的荷叶与荷花。在荷叶丛中，各类荷花仪态万方，有的含苞欲放，饱胀得似乎要瞬间裂开；有的刚开出两三片花瓣，似在蓄势待发；有的已全部盛开，如亭亭少女，含笑玉立。荷花的颜色也是斑斓错杂，有的白如肌肤，娇嫩无比；有的红如朝霞，鲜美艳丽；尤其是粉色荷花，如刚刚沐浴而出的仙女，粉中透白，嫩蕊凝珠，盈盈欲滴，妩媚迷人。站在池塘畔细细闻去，一缕缕清幽淡雅的荷香缓缓飘来，沁人心脾。那些早熟的荷花，伴随花瓣的片片飘落，从娇小嫩黄的花心深处长出一头碧绿碧绿的莲蓬，仔细端详，它们既像是浴室内倒立的花洒，又像是卧室里反转的吊灯，估计女孩子的蓬蓬裙大概也是受此启发设计而成吧。古人把由莲花到莲蓬的转换过程比喻为"扫除腻粉呈风骨，褪却红衣学淡妆"，可谓生动形象，惟妙惟肖。在濯莲池的正中心架着一座"之"字形的木制曲桥，连接池塘的两岸。濯莲池的秀美荷景吸引着众多教职工和学员来到曲桥之上拍照留念，每年党校学员或教职工摄影比赛的获奖作品中，总有这里的独特风光彰显其中。正所谓："秋花冒绿水，密叶罗青烟。秀色粉绝世，馨香谁为传？"

　　濯莲池不仅是党校教职工和学员赏荷摄影的上好去处，还是诸多动物夏日里高唱奏鸣曲的绝佳舞台。池塘的青蛙经常把圆圆的荷叶当作演奏场地，端坐其上，鼓起硕大的声囊，挺胸吸气，嗓门极大，"呱、呱、呱"响亮地叫个不停。当有人趋前近视时，它又迅疾跳入水中，了无踪影。在池塘的东南角种植着一片茂密的竹林，竹林里的各色鸟类每每听到青蛙的"呱、呱"叫声，亦不甘示弱，凑起热闹。有时是欢快地高唱，有时又像是召开一场大型辩论会，唧唧喳喳说个没完。如果说蛙声、鸟语构成的二重唱已经使这里热闹非凡，那么池塘东边几棵巨大梧桐树上的知了，更是以奔放的歌喉、激情的腔调、不知疲倦的精神而著称，一曲曲蝉鸣留给人们深刻的印象，它同蛙声、鸟语共同构成悦耳奏鸣曲。很多时候，这三重唱之间还形成了高度的默契，当它们齐声高唱时，一浪高过一浪，此起彼伏。然而，有时它们瞬间就能达至骤停状态，每当歌声停止，池塘周边一片静谧，连行人的脚步声都能清晰地听到。

为了增加中央党校校园内曲径通幽、各臻其妙的古朴意境，近些年党校园林部门又在濯莲池东部几棵巨大梧桐树下的空地上，建起了一座古香古色、四面临风的凉亭，美其名曰"赏雨茅屋"。亭子的四个支柱没有绘画雕饰，而是由长满疙瘩又略有弯曲的木柱构

○—— 北校区濯莲池赏雨茅屋

成，亭子的四角像展翅欲飞的燕子，顶部由茅草状水泥材料搭建而成。盛夏的雨天里，坐在"赏雨茅屋"的凉亭小憩，倚靠在亭柱旁，享受着远处吹来的拂面清风，听着雨水滴落到荷叶之上，发出的噼里啪啦的声响，欣赏着池塘里雨滴溅起一层又一层的涟漪，并不时生成一袭朦胧迷离的薄雾紧贴湖面轻轻飘过，远观荷花在风雨中婀娜摇曳的舞姿，不免让人对大自然奇妙的造化之功感慨万千。此时，再遥望濯莲池路边转瞬即逝的车辆和行人，在这一静一动之间，越发感悟到《道德经》中"静胜躁，寒胜热，清静为天下正"这句格言深刻奥妙的哲理意蕴。

  在年复一年的夏日里，我有时在主楼办公室看书至深夜，回家路上行至此处，望着倒影在池内的灯光，听着周边此起彼伏的蛙声、鸟语和蝉鸣，时常想起明代陈继儒的一首小词——《浣溪沙·初夏夜饮归》："桐树花香月半明，棹歌归去蟪蛄鸣。曲曲柳湾茅屋矮，挂鱼罾。笑指吾庐何处是？一池荷叶小桥横。灯火纸窗修竹里，读书声。"大意是说，初夏之夜，月色溶溶，桐花飘香。词人驾一叶扁舟，驶过曲折的柳湾和挂着渔网的茅屋，听棹歌声远，蟪蛄幽鸣。笑问我家住何处？就在一池荷叶的桥边，从竹林中透出灯火和读书声的地方。在静谧柔美的夜色中，体悟和品味着这清新流丽、画风浓郁的诗词意境，轻踩着从云层里散落到大地上的斑驳月光，不知不觉间就走到了自己的宿舍楼前。

## 一溪流水照古今

　　新疆花园位于中央党校北校区的主楼东南方，1985年由新疆维吾尔自治区人民政府资助修建。它和主楼西侧的燕园形成东西对衬的建筑格局，使每一个走进中央党校的人，即刻产生"左顾右盼各有景，信步其间趣不同"的感觉，正是这种"引东旭而纳西辉"巧夺天工般的设计理念，极大地丰富了校园内曲径通幽、各臻其妙的古朴意境。

　　由于新疆花园紧邻校园内东部的交通主干道，首先映入人们眼帘的是道路边上两排高大笔直的毛白杨。新中国成立之初，历经兵荒马乱的北京，林木凋敝，绿色大减，经常是漫天黄沙，遮天蔽日。20世纪60年代伊始，北京市掀起了轰轰烈烈的"人民绿化战争"。毛白杨由于其适应能力强，成材快速，绿时较长，释放氧气多，滞尘效果好，成为北京市城市绿化的优选树种，中央党校亦不例外，时至今日，在校园内的行道树中，当年种植的毛白杨仍是主要树种之一。经过60多年的生长，这些毛白杨已经变得高大挺拔，笔直粗壮，大都高过了五六层的楼顶。春夏秋三季，树冠枝繁叶茂，郁郁葱葱，恰如一张撑开的巨伞，引来无数小麻雀、灰喜鹊、布谷鸟等飞禽，它们唧唧喳喳，跳上蹦下，在这幸福的乐园里"乐不思蜀"。不少灰喜鹊在树上筑巢搭窝，安营扎寨，繁衍后代，在此过起了安稳快乐的日子。诗人顾城望着杨树折枝留下的疤痕，写出著名的《杨树》诗篇："我失去了一只臂膀，就睁开了一只眼睛。"仔细端详这里的杨树，它们身上似乎有无数只眼睛在闪烁。特别是毛白杨心形的叶子在阳光的照射下银光闪闪，稍有微风吹过就哗哗作响，像是在热烈鼓掌，诚挚欢迎每位来党校学习的学员，致使初来党校时看到的毛白杨，深深镌刻在每位学员的脑海里，成为他们对中央党校的一份美好的生命记忆。

新疆花园内还种植了玉兰树、松柏树、元宝枫、金银木等树种，但最为教职工和学员心仪之处，当是穿园而过的林间溪流和溪流边上的各色花草。这条小溪属于校河的一部分，由北向南流过，在新疆花园的东北角转弯，再变为由东向西的流向。沿溪流而下，小河时窄时宽，时深时浅，窄而深处，溪流湍急，水声潺潺；宽而浅处，水草丛生，一簇簇芦苇长在水汀之上。春季里嫩绿的芦苇急切地钻出水面，要和周围的花草争春夺绿；秋季里枯黄的芦花随风摇曳，不忍离去。特别是微风荡起涟漪，婆娑的垂柳倒影在水面上弯曲地飘荡，使人犹入梦幻之境。春夏季节，小河里经常有一群群小鱼，悠然自得，追逐嬉戏，时缓时急，欢快地游来游去。偶尔也能看到母鸭带着刚刚孵化出的数只小鸭子在溪流里觅食，小鸭子一

◦—— 北校区新疆花园小溪流水

身浅灰色绒毛，小脚掌灰中透白，跟在母鸭身边，扁扁的小嘴一开一合，不停地细语呢喃，呼唤着母鸭，唯恐母亲离它而去，骨碌碌的小眼睛左瞧右看，对这个世界充满无限的好奇，用它那萌态十足的样子融化着驻足观望者的柔骨仁心。

　　在新疆花园内，最能彰显维吾尔族文化特色的建筑，当是矗立在花园西北角溪流旁边的一座小凉亭。蓝、白、绿三色构成该亭的主基调，圆形亭柱的底座为蓝色，象征着新疆河流和天空的湛蓝清澈；6根亭柱为白色，表征着维吾尔族人民的纯洁和正直；凉亭顶部的绿色象征沙漠民族对绿洲的渴慕，更是蕴含着他们对吉祥繁荣生活的美好向往。特别是凉亭高高凸起的饱满穹顶，借鉴了伊斯兰清真寺的建筑风格，烘托出崇高、内敛、集中的空间氛围，与宗教

北校区新疆花园凉亭

仪式所需的神圣感、静谧感、内向感高度协调和统一，凸显出维吾尔族建筑的无限美感。而顶部瘦高的尖塔构型及伫立其上的新月标志，更是和下面的穹顶主次分明，对比强烈，表达了维吾尔族人民对庄严宏伟的月神的崇拜之情。我们知道，远古时代，对太阳、月亮、星星的崇拜是世界上很多民族曾经有过的现象，在沙漠热带地区，对月亮的崇拜就更为突出。因为沙漠里炎热干旱，很多地方是戈壁，致使游牧民族的生产生活多在夜晚进行，他们将太阳降落到太阳初升算作一天，而新月初升则为每月第一天的开始，故伊斯兰斋月的计算，是从见到新月的第一天开始封斋，直至再见到新月开斋为止的一个月时间。这种计时方法同汉族及其他民族日出而作、日落而息的计时方法有着重大差别，可谓十里不同俗，一方水土养一方人。《古兰经》里就有对月亮的专门论述，新月代表一种新生力量，从新月到月圆，标志着月神摧枯拉朽、战胜黑暗、功德圆满、世界光明。

与新疆花园西北角的凉亭相对应，在花园的东北角有两棵高大的古柏树，树龄当在百年以上，树下立有一椭圆形石块，上刻"方介眉宅园"字样，周围有散落的太湖石、石雕花瓣形水池底座等物，这两棵古柏应是方介眉宅园遗留之物。方介眉宅园系清末官僚方鉴善（号介眉）所建私家宅园。焦雄所著《北京西郊宅园记》载："方介眉宅园的建筑布局，系我国多进式四合院传统形式，但与一般前宅后院形式不同。它坐南朝北，宅园门三楹，一明两暗，中开大门，可进车、轿。……院中有山石小溪、亭、台、楼、阁，景色十分幽美。宅后以自然景观为主，园南部挖池堆阜，有翠柏两株。"相传方家无子，曾收养一男孩，起名方大有，由于养父母宠爱有加，该子生性顽皮，生活放浪。方氏夫妇过世后，他更是坐吃山空，最终家道败落，不得已将宅园卖给了他人，由"方大有"变为"方全无"。后经民国及日本人占领，在岁月动荡中，该园逐渐荒芜，直到20世纪60年代，中央党校征用此地时，只剩残垣废墟。

凝视石碑上"方介眉宅园"五字，不禁使人想到，在这天荒地

北校区新疆花园方介眉宅园石刻

老、大化流行的宇宙之中，万物皆有其升沉荣枯的自然法则。也许林则徐的那句名言真正揭橥了人生奥妙之所在："子孙若如我，留钱做什么，贤而多财，则损其志；子孙不如我，留钱做什么，愚而多财，益增其过。"

## 古树新枝绽芳姿

中央党校的南院毗邻两大皇家园林——颐和园和圆明园，曾经是皇家御赐的贵胄之邸，始称"自得园"。而后随着园林主人的更替和功能的变化，先后成为御马圈、养花园。抗战时期，日伪建设总署在此修建土木工程学校。抗战胜利后，移交清华大学农学院使用。新中国成立后，中央马列学院迁驻此地，后改称为中共中央党校南院。今天它已是中央党校研究生院所在地，成为新时代众多优秀青年期冀向往的红色学府。

作为中央党校研究生指导教师，我每学期都要来这里授课研讨，每次课后和研究生们漫步山环水绕、碧波荡漾的南院湖畔，历史留下的痕迹随处可见，时常生发出"闲云潭影日悠悠，物换星移几度秋"的岁月沧桑之感。然而，我却完全没有王勃《滕王阁序》中"阁中帝子今何在，槛外长江空自流"的悲悯情绪，倒是被这里美不胜收的四季景色和莘莘学子奋发向上的青春激情所感动。

初春时节，自得园内为数不多的几棵高大挺拔、

研究生院湖景

雍容尔雅的玉兰树成为人们争相环顾的对象。每当鲜花盛开时，千枝万蕊，如云如雪，晶莹夺目，清丽典雅，大有"绰约新妆玉有辉，素娥千队雪成围"之势。此时，温润的花瓣恬静地绽放着，散发出阵阵清新淡雅的幽香，令人心旷神怡。和煦的春风拂来时，直挺细柔的枝干犹如女子纤细的腰肢，带动满树的花朵轻盈起舞。玉兰花的卓特之处不仅源于其优雅的开，更在于其沉静的落。时节一到，一朵朵、一瓣瓣，牵着缕缕沉香，踏着绝美的舞步，轻柔飘逸地凌空落下，先是自由舒展地依偎在树下，然后在遗世独立中枯萎，最终化作滋养根系的尘土，完成其花开花落花眠期的生命旅程。每年春天来此授课，看到此情此景，总让我想起林黛玉《葬花吟》中那句绝唱："未若锦囊收艳骨，一抔净土掩风流。质本洁来还洁去，强于污淖陷渠沟。"

经春复立夏，万物景象新。夏季来临时，自得园湖边一片片葱茏茂密的树林最是让人流连忘返，心旷神怡。历经清王朝、中华民

研究生院玉兰花

国和新中国一百多年的岁月积淀，这里留下了品种繁多的树木种类，有北方常见的榆树、国槐、柳树、银杏、杜仲等，还有近年来种植的法桐、红枫、紫叶李、碧桃等。其中，榆树是自得园中最为古老的树种，很多大榆树一人合抱都难以合拢，粗壮高大，绿冠如云，遮骄阳蔽烈日，给人们撑起一片片清凉的世界。当然，这里最为人们所称道的树种还是湖边的垂柳，夏日里微风吹拂万千枝条，恰似美少女身上摇曳摆动的绿色连衣裙，婀娜多姿，风情万种，洋溢着勃勃生机，焕发出青春气息。

到了天清气爽的秋季，自得园呈现出另一番高洁明朗的景象。站在东部通往湖心岛的驼峰突起的拱桥之上向西望去，湖西孤岛上的红色枫叶绚烂耀眼，犹如一团"飞焰欲横天"的烈火在熊熊燃烧，而湖西边的银杏树却是一片炫目的金黄，大有"满城尽带黄金甲"之势，再加上湖北面的垂柳，构成一幅深红、金黄、碧绿交相辉映、叠翠流金的美丽画面。再向远处的万寿山和西山望去，只见青黛色的山峦逶迤蜿蜒，宛若一条长龙在天边飞舞。此情此景，正应了"渐次黄红耐细看，远山近景正秋阑"的诗句。也唯有此时，我们才能真正理解一代又一代清王室贵胄，为何喜欢在北京西郊建起如此众多的皇家园林。

北方到了冬季，大地在静谧沉默里披上淡妆，自得园的万物也在删繁就简后变得疏朗，各类植物深入大地的根系开始在这寒凉的季节里积聚生命的力量。尤其遇上雪日，自得园开始在漫天飞舞的瑞雪中绽放优雅。在雪霁初晴之后，人们漫步校园，经常被湖畔南

研究生院秋景

── 研究生院雪景

面怪态多姿、意趣横生的湖石山上的厚厚积雪所吸引。由于在这座湖石山的尽头，建有红墙黛瓦的中央党校研究生院学术活动中心，在暖阳的照射下，湖石山上的皑皑白雪与这红墙高堂交相辉映，将此处装点得宛若仙境，人们行走其间，无疑会让自己在这洁白的世界中荡涤掉心灵的风尘，在这时光的褶皱里品鉴出人世的冷暖。每年冬季赶上雪日来这里授课，我总是想起郑板桥《山中雪后》一诗："晨起开门雪满山，雪晴云淡日光寒。檐流未滴梅花冻，一种清孤不等闲。"

自得园虽有春暖花开、火云如烧、秋高气爽、白雪皑皑的四季风光，然而，作为我党最高学府的研究生院，其根本职责是培育高质量的硕士和博士研究生。在自得园东部湖心岛上建有中央党校研究生院的二层教学楼,所有教师和研究生主要在这里授课和研讨。我在给研究生们讲授《四书章句集注》课程时,经常就《诗经》中的一段名言与学生展开讨论:"瞻彼淇奥,绿竹猗猗。有匪君子,如切如磋,如琢如磨。瑟兮僴兮,赫兮咺兮。有匪君子,终不可谖兮。"这段话大意是:看那淇水弯弯的岸边,嫩绿的竹子郁郁葱葱。有一位文质彬彬的君子,研究学问如加工骨器,不断切磋;修炼自己如打磨美玉,反复琢磨。他庄重而开朗,仪表堂堂。这样的一个文质彬彬的君子,真是令人难忘啊!我想身处自得园的中央党校研究生院不就是要古树新枝绽芳姿,不断培养出具有上述君子人格的杰出才俊吗?

## 昆玉河畔聚星火

昆玉河是京密引水渠下游从颐和园昆明湖通往玉渊潭八一湖的水道，长约10公里，它扼守着京城内众多湖泊、河流的咽喉，具有牵一发而动全身的战略重要性。河流沿线集中国传统造园艺术之大成，既有中国皇家园林的恢宏富丽气势，又有中国民间乡野风光的自然之趣，河流周边有"养尊林泉""钓鱼河曲"等诸多风景名胜。在昆玉河与长春桥路交叉路口的东南角矗立着一座现代化办公大楼，大楼面向河面的西墙上有"国家行政学院"的重要标识。国家行政学院是为适应改革开放和社会主义现代化建设事业的需要，根据党中央的决定于1988年开始筹建的，1994年9月正式成立，担负起培训我国高中级公务员、培养高层次政府管理和政策研究人才的历史重任。2018年3月，按照中共中央关于深化党和国家机构改革的统一部署，将中共中央党校和国家行政学院的职责整合，组建新的中央党校，实行一个机构两块牌子，原国家行政学院成为中央党校的南校区。与北校区山水相连、古朴典雅、雍容

南校区主楼

华贵的建筑风格相比，南校区的主体建筑雄伟壮丽、独具匠心，园林布局小巧精致、清雅绝尘，呈现出浓烈的现代性气息。

走进中央党校南校区，这里草长莺飞，各类花草树木随着季节的变换，可谓"春有百花秋有月，夏有凉风冬有雪"。在春夏之交，这里的樱花园最是让人留恋环顾，樱花虽然没有冬梅的傲霜斗雪，没有牡丹的雍容华贵，没有夏莲的清丽出尘，但却有她自己令人陶醉的妖娆与芬芳。樱花园里大片的樱花树上开满了粉红的樱花，她们不浓不淡，还略带几分娇气，看上去格外妩媚鲜艳，总是让人眼前一亮。再走向树前仔细端详，每一朵樱花都由五个花瓣构成，有的是纯白色，也有的白里透粉，花心里有十几到二十几根数量不等的黄色花蕊，黄色花蕊中央还有一根绿色的细小花蕊。花下的绿叶像绿宝石做的托盘，而樱花像羊脂玉做的小碗，绿黄色花蕊恰似镶嵌在中心的宝石。看一朵樱花有独特之美，看一树樱花有开放之美，这大片开满枝头的樱花烂漫似天霞。清末诗人郑孝胥面对樱花的卓特写道："云停烟活风日鲜，堆花满枝弄婵娟。施朱太赤粉太白，始信微醉由天然。"可谓将樱花盛开时的静美之态描述得淋漓尽致。

在中央党校南校区的花园中，建有一个由罗马石柱和大型铁架支撑的拱形紫藤长廊。两排罗马柱共50根，整齐对应地排列着，每根柱子都由柱础、柱身、柱头三部分构成，其中柱础用灰色仿大理石材料磨制而成，看上去坚实厚重，给人以稳定可靠之感。柱身是米黄色光面型，看上去珠圆玉润，明朗大气。柱头自下而上由三

○—— 南校区樱花

## 林/中/路/向/澄/明/心

个直径不等的石环构成,层层升高,顶部支撑着高高的拱形支架。拱形支架上缠绕着的紫藤粗细不等,粗的枝干龙盘虎踞,交叉错杂,细的枝条如蛇身一般,浑身滑溜,像是吐着舌头,随时迎候人们的到来。春夏之交,长廊上的紫藤花爬满支架,从枝条上一串串挂下来,像满架的葡萄,紫藤花的颜色由下往上越来越浅,最底下是紫红色,花瓣紫中带蓝,中间有嫩黄色的花蕊。一阵风吹来,一串串珠帘一般的紫藤花,就会像风铃一般左右摆动。满架的紫藤花散发着浓郁的清香,为人们送上缕缕芬芳,经常引来蜜蜂在花丛中翩翩起舞,有时蝴蝶也不甘落后,在花中飞来飞去。每年花谢的时

○—— 南校区长廊

候,成群落下的紫藤花飞舞着,像是在下一场纷纷扬扬的花瓣雨,使整个长廊呈现出落英缤纷的灿烂画面。正所谓:"袅袅上缘物,鲜鲜滥拟霞。风霜摇落后,为尔怅韶华。"尤其是在骄阳似火的夏日里,这个长廊成为学工人员最为留恋之处,碧绿的紫藤叶爬满长廊的支架,阳光照射下来,在长廊下整洁干净的地面上留下斑驳的影子,微风吹来,紫藤的叶子沙沙作响。宁静的午后,在浓浓的树荫下听着蝉鸣,无论是一人独坐廊下纳凉沉思,还是三五好友在廊下散步聊天,都是一件让人十分惬意的事情,顿生"新蝉忽发最高枝,不觉立听无限时"的悠然之感。

除了校园如画、栖居有诗,中央党校南校区更有自己深刻的文化内涵。在中央党校南校区巍峨挺拔的办公大楼顶部,装饰着一个高耸凸起的红色顶罩,当皎洁的明月挂上树梢,大楼顶部的装饰灯亮起后,整个顶罩鲜红夺目,像一团灿烂燃烧的火焰。早在革命战争年代,人们就将中央党校比喻为红色的革命大熔炉,她不断生发着炽热的光芒。尽管来自全国各地的干部知识背景各异,文化程度不同,职务高低有别,性格类型迥异,但大家在中央党校南校区学习的这段时光里,通过"博学之,慎思之,明辨之,笃行之",汲取思想精髓,获得真知灼见,锤炼体魄意志。并不断克服思想认识上的偏差,在求同存异中,将精神追求融合到党的价值体系之内,统一到国家的政策方针之中。然后,带着丰硕的学习成果和饱满的工作热情回到原单位,带领广大人民群众再次踏上新征程。也许正是基于此种认知,人们将中央党校称作中国共产党人最美的思

林 / 中 / 路 / 向 / 澄 / 明 / 心

南校区主楼

想花园，来此学习的干部在这座红色的革命大熔炉中百炼成钢。然后，像灿烂星斗一样散布到茫茫天际之中，点亮一片属于自己的天空，为浩瀚宇宙带来无限光明，真正做到了"聚是一团火，散是满天星"。

## 小清河与彩虹桥

我的家坐落在北京西山脚下大有北里社区，小清河从社区门前流过，彩虹桥在河面上静卧。在春夏秋冬四季变换中，偶尔伫立桥头，迎风远眺，无论是西北风还是东南风，总能吹塑出不同的风景；无论是下雨天还是飞雪天，总能变换出不同的天空；无论是烈日炎炎还是凉风习习，总能催生出人们不同的心境。

春天里，河边成排的垂柳吐露出先鹅黄而后嫩绿的叶子，呈现出"碧玉妆成一树高，万条垂下绿丝绦"的景象。此时，一阵和煦的春风吹来，更是"万缕千丝终不改，任他随聚随分"。小鸟在河边林间的枝杈上飞来飞去，发出婉转清脆的鸣声。河边绿地上的小草，破土而出，拔节而长，碧绿如毯。各色树木上繁花似锦，散发着馥郁醉人的花香。小燕子携带着春风，从遥远的南国飞来，不时从河面上掠过，划出一串串涟漪。河床上一丛丛万头攒动的芦苇急切地钻出水面，好像在焦急地争春夺绿，几日不见，便会齐刷刷地窜出老高。

林/中/路/向/澄/明/心

○—— 小清河春柳

到了夏日，小清河的景色犹如娃娃的脸庞，阴晴不定，变幻莫测。旭日初升前，早起的人们三三两两在河边的小道上漫步锻炼，也有人牵着自家的宠物狗遛弯儿纳凉。傍晚时分，远眺西山，有时层峦叠嶂，清晰可见；有时云烟缥缈，朦胧难辨；有时流光四溢，彩霞满天。到了晚间，时常有"呱呱"的青蛙叫声从河中传来，仿佛悦耳的催眠曲，提示着劳作了一天的人们尽早入睡。偶尔也会看到雅兴有余的人，在皎洁的月光下，打着手电，带着网具，在河边抓泥鳅。当然，夏日的小清河也非淑女一般永远温柔娴静，遇上电闪雷鸣、大雨如注的日子，暴涨的河水裹挟着山边顺流而下的泥沙和杂物，如狂奔的野马，伴随阵阵轰鸣声，咆哮着冲向远方，颇具"九曲黄河万里沙，浪淘风簸自天涯"之势。

每当秋季来临，金风乍起，百卉萧然。有一种鲜红夺目的植物——五叶地锦，又名爬山虎，在河道的墙壁上攀缘而上，细细藤蔓上布满枝叶，叶如伞状，鲜红靓丽，蓬勃舒展，在凉意袭人的深秋，给人以暖意融融之感。秋天里的小河犹如一条蓝色的绸布匍匐静卧在大地的怀抱，河水清澈见底，时而有几条小鱼游玩嬉戏，有的吐泡泡，有的捉迷藏……此时，忽然有几只野鸭从不远处的西山飞来，"扑通、扑通"跳进河里，顿时热闹起来，小鱼如临大敌，瞬间钻到水草中不见了。伫立桥头，凝视此景，不免使人遐想"鹰击长空，鱼翔浅底，万类霜天竞自由"的辽阔画面。

转眼到了冬季，河边茂密的绿草枯黄了，凛冽的西北风从山坳里刮来，把河边树上的叶子片片吹落，唯独垂柳上的黄叶残留在飘

林/中/路/向/澄/明/心

○—— 小清河夏景

舞的枝头，如情人分离般恋恋不舍，迟迟不肯离去。在京城多年来的暖冬里，偶尔有几场小雪飘落，不待落地，就融化到了河水冒出的蒸蒸雾气中。遇上冷冬，河面中间结下一层薄冰，恰如一面不规则的镜子，映衬出无垠天空的湛蓝和悠悠白云的飘动，但靠边的河水并不结冰，仍然在静谧地流淌着。此时，小河成了各类飞禽的水源地，不时有喜鹊、乌鸦盘旋而落，警觉地环视四周后，大口大口吸吮着河水，之后，腾空而起，愉悦地飞向远方。

每逢清明节和中元节，夕阳西下，夜幕降临，经常有附近的居民在河边祭奠先人。他们在河边空地上，点上一支蜡烛，画一个圆圈，在圈里烧纸，然后念叨着亲人的名字，据说这样一来就代表着这些纸钱烧给远方的亲人，远方亲人的魂灵会顺着这条河流来到点蜡烛的地方领钱。当然，这种习俗也给环卫工人带来诸多负担，迫使他们老早起来，打扫河边的纸灰，为早起晨练的居民和匆忙赶路的上班族，清理出洁净的河边道路。

每天出门上班，看着小清河的潺潺流水，走过这座往返必经的彩虹桥，我经常想起德国哲人海德格尔的话：桥是天地万物的聚集和显现，桥不仅使河流、河岸和陆地进入相互的近邻关系中，也把大地聚集为河流四周的风景。桥永远伴随着或缓或急的人们来来去去，将人们送向四面八方，使他们到达对岸的目的地。不论有死的凡人是否记住了这座桥，他们自己总是在走向最后一座桥的途中，总是在根本上力图超越他们身上低下和不幸的东西。从这种意义上讲，人的最高尊严可能不在于一味地充当主体，试图主宰一切，更

林/中/路/向/澄/明/心

要发现自己存在的有限性,因为只有在有时间性的存在中,一个人才能真正领会"有无相生"的本真意蕴,从而在过去、现在、未来漫长的时间长河里,从有限与无限、短暂与永恒、局部与整体的生命冲突中,去身历心悟自我存在的价值与意义。

○——→ 小清河上彩虹桥

图书在版编目（CIP）数据

林中路向澄明心：中共中央党校（国家行政学院）校园散文集 / 靳凤林著. —北京：大有书局，2022.7
　　ISBN 978-7-80772-089-8

Ⅰ.①林⋯　Ⅱ.①靳⋯　Ⅲ.①散文集 – 中国 – 当代
Ⅳ.①I267

中国版本图书馆CIP数据核字（2022）第118079号

| | |
|---|---|
| 书　　名 | 林中路向澄明心——中共中央党校（国家行政学院）校园散文集 |
| 作　　者 | 靳凤林 |
| 策划编辑 | 李瑞琪 |
| 责任编辑 | 叶敏娟 |
| 特约摄影 | 张晓光 |
| 责任校对 | 李盛博 |
| 责任印制 | 袁浩宇 |
| 出版发行 | 大有书局 |
| | （北京市海淀区长春桥路6号　100089） |
| 综 合 办 | （010）68929273 |
| 发 行 部 | （010）68922366 |
| 经　　销 | 新华书店 |
| 印　　刷 | 中煤（北京）印务有限公司 |
| 版　　次 | 2022年7月北京第1版 |
| 印　　次 | 2022年7月北京第1次印刷 |
| 开　　本 | 170毫米×230毫米　　1/16 |
| 印　　张 | 9.5 |
| 字　　数 | 93千字 |
| 定　　价 | 56.00元 |

本书如有印装问题，可联系调换，联系电话：（010）68928947